紅色及黃色相同材質的木棒各一根。
（頁 23，好漂亮的顏色喔！）

紅色及黃色相同材質的木棒各兩根。
（頁 23，好漂亮的顏色喔！）

深紅色到淺紅色相同材質的木棒五根。
（頁 23，好漂亮的顏色喔！）

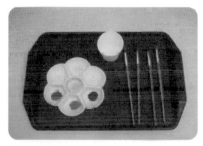

1. 紅、黃、藍三種顏料。
2. 四枝水彩筆。
3. 一個裝有水的杯子。
4. 調色盤一個。（頁 25，顏色變變變）

塗有綠、橘、紫色的積木各兩個。
（頁 25，顏色變變變）

1. 黃色及綠色兩邊為 15 公分，底為 21 公分，高為 10.5 公分的等腰三角形各兩個。
2. 灰色、黃色及綠色高為 15 公分，底為 8.5 公分，邊為 17 公分的直角三角形各兩個。
3. 黃色三邊各為 10 公分，高為 8.5 公分的正三角形兩個。
4. 紅色三邊分別為 15.5、6.8、14 公分的銳角三角形一個。
5. 紅色三邊分別為 9.5、6.8、14 公分的鈍角三角形一個。
6. 按圖所示，在每一個三角形的某個邊上畫上黑色的線條。
7. 托盤一個。（頁 40，三角形組合〈一〉）

讓孩子看到兩個等腰三角形併在一起是正方形。（頁 41，三角形組合〈一〉）

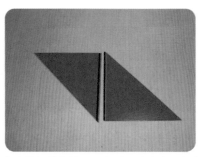

拿出兩個黃色等腰三角形，將畫有黑色線的那一邊放在一起，但不要邊靠邊。（頁 41，三角形組合〈一〉）

接著，拿兩個灰色直角三角形，將畫有黑線的那一邊放在一起，但不要邊靠邊。（頁 42，三角形組合〈一〉）

再拿兩個綠色直角三角形，將畫有黑線的那一邊放在一起，但不要邊靠邊。（頁 42，三角形組合〈一〉）

再拿兩個黃色直角三角形，將畫有黑線的那一邊放在一起，但不要邊靠邊。（頁 43，三角形組合〈一〉）

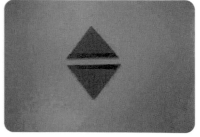

再來，拿兩個小正三角形，將畫有黑線的那一邊放在一起，但不要邊靠邊。（頁 43，三角形組合〈一〉）

讓孩子看到鈍角三角形和銳角三角形併在
一起是梯形。
（頁 44，三角形組合〈一〉）

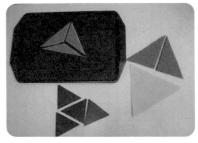

1. 三邊都是 20 公分，高為 17 公分的灰色正
   三角形一個。
2. 高為 13 公分，底為 10 公分，邊為 20 公分
   的綠色直角三角形兩個。
3. 兩邊為 11.5 公分，底為 20 公分，高為 6
   公分的黃色等腰三角形三個。
4. 三邊為 10 公分，高為 8.5 公分的紅色正三
   角形四個。
5. 按圖所示，每一個三角形的某個邊線上畫
   上黑色的線條。
6. 托盤一個。
   （頁 48，三角形組合〈三〉）

1. 三邊都是 10 公分，高為 8.5 公分的灰
   色正三角形六個。
2. 三邊都是 10 公分，高為 8.5 公分的綠
   色正三角形三個。
3. 三邊都是 10 公分，高為 8.5 公分的紅
   色正三角形兩個。
4. 三邊都是 20 公分，高為 17 公分的黃色
   正三角形一個。
5. 兩邊為 10 公分，底為 17 公分，高為 5
   公分的紅色等腰三角形六個。
6. 按圖所示每一個三角形的某個邊線上
   畫上黑色的線條。
7. 托盤一個。
   （頁 51，三角形組合〈四〉）

拿出六個灰色小正三角形，排列成六邊形，
將畫有黑線的那一邊放在一起，但不要邊靠
邊。（頁 52，三角形組合〈四〉）

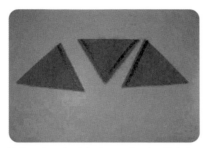

接著，拿三個綠色小正三角形，將畫有兩條黑線的那兩邊放在一起，但不要邊靠邊。（頁52，三角形組合〈四〉）

再來，拿兩個紅色三角形，將畫有黑線的地方放在一起，但不要邊靠邊。（頁53，三角形組合〈四〉）

再來，拿六個等腰三角形，將有黑線的地方配對成三個菱形的形狀，放在一起但不要邊靠邊。（頁53，三角形組合〈四〉）

再將此三個菱形併在一起形成一個六邊形，並放在灰色六邊形上面對對看，讓孩子看到是一樣大小的六邊形。
（頁54，三角形組合〈四〉）

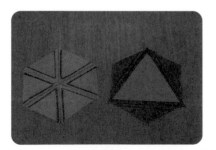

將黃色正三角形拿出來，將三個紅色等腰三角形各擺在正三角形的三邊上，讓孩子看到也形成一個六邊形。（頁54，三角形組合〈四〉）

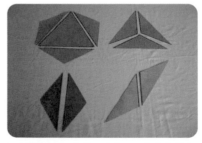

1. 三邊為20公分，高為17公分的黃色正三角形一個。
2. 兩邊為11.5公分，底為20公分，高為6公分的黃色等腰三角形六個。
3. 兩邊為11.5公分，底20公分，高為6公分的紅色等腰三角形兩個。
4. 兩邊為11.5公分，底為20公分，高為6公分的灰色等腰三角形兩個。
5. 按圖所示，每一個三角形的某個邊線上畫上黑色的線條。
6. 托盤一個。（頁56，三角形組合〈五〉）

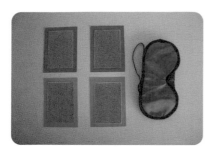

兩組不同粗細的砂紙貼在兩種不同顏色的紙板上。（頁86，觸覺板〈一〉）

1. 五種不同粗細的砂紙各兩個貼在兩種不同顏色的紙板上。
2. 托盤一個。
3. 眼罩一個。（頁88，觸覺板〈二〉）

1. 兩組顏色不同的紙板上各貼有二張雲彩紙、皺紋紙、圖畫紙、報紙、包裝紙、玻璃紙、衛生紙。
2. 眼罩一個。
3. 托盤一個。（頁90，千變萬化的紙）

1. 五種不同材質及不同顏色的布料各兩塊。
2. 托盤一個。
3. 眼罩一個。（頁92，好舒服喔！）

兩組裝有冷、溫、熱、冰水的杯子。
（頁97，好冰喔！）

1. 兩組裝有冰、冷、溫三種不同溫度液體的杯子各兩個。
2. 三個不同顏色的圈圈紙版（中間標示紅色的圖案——溫，標示藍色的圖案——冷，標示白色的圖案——冰）。
（頁100，我的溫牛奶在哪裡？）

1. 兩組顏色不同且裝有冷、溫、冰水的杯子。
2. 水壺兩個（各裝置溫水與冷水）。
3. 抹布一條。
4. 托盤一個。（頁103，洗溫泉囉！）

1. 重量相同的沙包一百一十個。兩種不同顏色的不透光小布袋各十個。
2. 將沙包分別裝在二十個小布袋中，第一袋裝一個沙包，第二袋裝兩個沙包，第三袋裝三個沙包，第四袋裝四個沙包，以此類推，到第十袋裝十個沙包。依同樣的方法再裝另一個樣式的十個小布袋。
（頁112，秤一秤，就清楚）

1. 兩組顏色不同且裝有不同重量的沙（米）包各五個。（此為配對活動，請注意相對的沙包重量需相同。）
2. 眼罩一個。
3. 袋子兩個（放置兩組不同顏色的沙包）。
（頁109，試一試，便知道）

1. 抹布一條。
2. 兩種顏色不同的瓶子各十個。（將布丁杯裝水，倒一杯水在第一個瓶子內，倒兩杯水在第二個瓶子內，倒三杯水在第三個瓶子內，以此類推，將顏色相同的十個瓶子裝好水，另一組顏色不同的十個瓶子也依同樣方法完成。）
3. 長條色紙條十張。（貼在同組的十個瓶子上，另一組十個瓶子不必貼上色紙。）
（頁115，量一量，會變化）

兩組顏色不同且裝有豆子、米或沙子能產
生五種不同程度聲音的瓶子。（此為配對
活動，請注意相對應的瓶子內，其物品重
量必須相同。）

（頁 123，辨別聲音的大小）

兩組顏色不同且裝有不同高度的水的瓶子各
五個，能敲出高低不同的音階。

（頁 127，是噪音？還是樂音？）

兩組顏色不同且裝有香蕉、蘋果、葡萄柚、
檸檬和番石榴等水果片的杯子各五個。

（頁 141，吃一吃，是什麼東西？）

兩組顏色不同且用棉花沾有綠油精、胡椒粉、
香水、咖啡粉、醋的瓶子各五個。

（頁 149，嗅覺遊戲）

兩組顏色不同且裝有蘋果、哈密瓜、鳳梨、
榴槤、柳橙切片的瓶子各五個（如用透明
的瓶子則可貼上兩種不同顏色的膠帶）。

（頁 152，猜猜看，是什麼水果？）

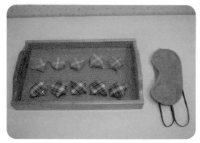

兩組顏色不同且裝有五種不同氣味蠟燭的布
袋。（此為配對活動，請注意相對的蠟燭氣
味要相同。）

（頁 155，聞聞看，是什麼味道？）

1. 裝有香皂、洗髮精、牙膏和漱口水的瓶
   子四個（瓶子底部貼有物品的照片）。
2. 香皂、洗髮精、牙膏、漱口水等實物各
   一個。
   （頁158，聞一聞，是什麼東西？）

1. 材質相同的紅色及黃色木棒各一根。
2. 托盤一個。
   （頁176，顏色名稱的認識）

1. 裝有巧克力、起司、橘子醬三種食物的
   盤子各一個（盤子顏色要相同）。
2. 白開水一杯。
3. 湯匙一根。
4. 托盤一個。
   （頁208，特有食物的認識）

兒童 內在生命 的發展

蒙特梭利感覺教育

施淑娟、薛慧平　著

作者簡介

施淑娟

學歷：
國立花蓮師範學院幼稚教育科
台北市立師範學院幼兒教育系
美國阿肯色科技大學科技教育碩士
美國阿格西大學教學領導博士
（主修 K-12 課程與教學）

經歷：
托兒所助理老師二年
托兒所老師三年
幼稚園教師四年
幼稚園體能與奧福音樂才藝教師二年
幼稚園園長四年
樹人家商幼保科教師一年半
頂埔國小代課老師一年
托兒所美語教師二年
花蓮丙級保母人員訓練班講師
花蓮社會局兒童福利專業人員訓練班講師
台北蒙特梭利基金會三至六歲蒙特梭利師資培訓講師
台北蒙特梭利基金會花蓮區執行長
慈濟技術學院幼兒保育系講師
宜蘭縣托嬰中心評鑑委員
花蓮縣托兒所及課後托育中心評鑑委員
花蓮縣托嬰中心輔導委員
教育部新課綱輔導教授與宣講人員
花蓮縣教育處幼兒教保服務諮詢委員
慈濟大學兒童發展與家庭教育學系兼系主任兼服務學習中心主任

現職：
慈濟大學兒童發展與家庭教育學系助理教授

作者簡介

薛慧平

學歷：
中國文化大學青少年兒童福利研究所

經歷：
教育部幼兒園輔導計畫輔導委員
新北市政府親職教育講座講師
新北市及桃園縣保母評鑑委員
桃園縣政府第一屆居家托育制度及托嬰中心管理委員會委員
各社團居家托育人員委訓班講師

現職：
經國管理暨健康學院兼任講師

推薦序

　　十八年了，十八年前我擔任淑娟的班導師，那時她是二年制幼兒教育師資科的學生，當時她就有著想要呈現出專業特色的意圖，所以參加學校社團、科系的活動，甚至校外救國團的活動，當然多是當主要的負責人。好勝的她，再苦再累也要做好，為的就是執著她想要的。

　　畢業後，她跟三、四個同學很有自信地踏入幼教界，不只繼續完成大學學業，還參加了蒙特梭利教育的研習課程，更到國外獲得 AMS 的蒙特梭利證照，之後在職場上她就一直從事蒙特梭利教學，也愈發覺蒙特梭利教學對幼兒重要的影響。後來她在實務工作上碰到瓶頸，真是學然後知不足，所以決定出國取經，一年後拿到碩士學位，回來後轉換了跑道，但仍在幼教界，她到大學教更多的準教師們，也愈發現要更專精，因此再度進修博士學位。

　　在進修博士學位同時，她仍念念不忘當初的執著，要把對幼兒最重要的，不但要留給幼教師，淑娟還在五種感官的細目下寫有「給父母的話」，使父母、保母，甚至托嬰之保育人員皆能了解對嬰幼兒有所助益的部分。這本《兒童內在生命的發展 —— 蒙特梭利感覺教育》並不是光談理論，而是條理分明、具體可行，不但初學者易於了解，更是有助於想扮演好父母角色的貼心媒介，是值得準幼教師、幼教師、父母、保育人員、保母及關心嬰幼兒學者多加參閱。

國立東華大學幼兒教育學系
高傳正

施序

　　本書之內容是依據蒙特梭利感覺教育的理論所規劃，蒙特梭利教學是按照孩子的興趣且根據其不同能力的原則來引導孩子，因此老師的角色由傳統的主導者變成了協助者。當孩子成為教室裡的中心，老師著重的是如何為孩子準備一個適合的學習環境，並幫助每位孩子成為獨立自主且有思考能力的人，所以教育工作者對自我成長的追求與知識的提升顯得格外重要。

　　本書出版的目的是希望對蒙特梭利感覺教育有興趣的朋友，能藉此認識並實際運用於家庭中，在幼小的孩子尚未進入幼兒園時，也能自己協助孩子的成長；而有興趣實踐蒙特梭利教學的老師，則可利用此書的基本原理，實際運用於教室中。當商業利益介入幼兒教育時，僅突顯蒙特梭利教具對幼兒的幫助，卻忽略其教育中的哲學理念。實際上，蒙特梭利教學的重點是藉由教具的操作，協助孩子內在生命的發展。不僅孩子受益，教學者經由實務的運作自我內在趨向改變與成長，產生新的觀念來面對孩子，而放棄舊有的傳統思想。幼教的領域是如此的多變與多樣性，任何開放教學的根源，無不希望孩子在幼兒階段裡，能自由優游於想像與創造的環境，且擁有獨立自主的思考性。因此老師與家長都必須選擇自我認同的教學方法，深入了解與探究，不要人云亦云，隨波逐流，因為孩子的成長與未來掌握在我們的手裡，是無法重來的。

　　近年來，美語教學的壓力衝擊著許多幼兒園所，家長趨之若鶩的尋找美語學校，尤其聘有外國老師的學校最受歡迎，但身為家長的您，是否想過幼兒階段的孩子真正的需要是什麼，或者您是用大人的角度替孩子思考？您的選擇真是孩子需要的嗎？因此，當您在使用此書時，千萬不要照著步驟一成不變的示範給您的孩子看，而是要依孩子的能力來做變化，也不要照著每一個步驟要求您的孩子反覆操作給您看，因為在操作的過程中，應重視的是您和孩子的互動關係，操作只是一個過程，並不是全部，讓孩子玩得開心、有興趣才是重要的目標。

　　當撰寫此書時，我正在美國進修博士課程，我們一家三口有充分的時間相處在一起，當看到外子用不適當的態度面對兒子時，我便在心中思考，是否我也如此對待兒子？身為幼教工作者的我，時時經由觀察第三者來檢視自我的行為，而我也從觀察外子的行為中，提供意見讓他參考，我們便是用此方法盡力扮演好父母的角色。雖然我有十二年幼稚園的教學經驗，應該稱得上是一位專業的幼教老師，但這並不代表我也是一個稱職的母親，因不同的角色是需要不斷的學習與改進。沒有一個人生來便具備了做父母的能力，這是需要不斷練習的，但學習的對象不是您的父母親，而是身為父母者要親自尋求教育的真理，幫助孩子內在的心智發展，當您思索過去對待孩子的方式，且在心中沒有任何遺憾與後悔時，相信您是真正下工夫與孩子互動。千萬不要說：「我有改變啊！只是速度比較慢，孩子成長需要時間，大人成長也要時間嘛！」但您是否想過，如果父母成長的速度如此緩慢，孩子早就等不及而長大成人了。所以，身為父母應該彼此督促，加緊腳步來學習，才不會錯過幫助孩子心智發展的黃金時期，造成一生的遺憾啊！

　　如果讀者為保母或幼教工作者，相信您在專業訓練的基礎下，必能活用此書的活動設計並針對孩子的能力不斷的做變化，這樣才能讓孩子保持在一個有挑戰與驚喜的環境下成長，且沉浸於活動中不捨離去，但切記，孩子的教學是有彈性的，若今天的引導對他而言是無趣的，絕對不可勉強繼續進行下去，請用最大的耐心引導孩子，等待最佳的時機出現，那時孩子與您的收穫將是無限的。

　　最後，感謝慧平的協助讓此書的內容更增添色彩，藉由她豐富的幼教經驗與學識，提供精彩的活動設計與尋找教具拍攝出最佳的照片，相信讀者經由圖片的輔助更能詳細的了解活動設計的各項過程。隨著此書的付梓，我的博士論文正邁入艱鉅的階段，另一方面，在親子關係上也因孩子的成長而產生不同的考驗，因此跟隨孩子年齡的增長尋求自我成長與學習，亦是父母的責任喔！

施淑娟
筆於加州

薛序

　　蒙特梭利曾提及：「感官教育不是感官被動地接受刺激，而是在活動中進行和完成。」因此，得知孩子的內在潛能啟蒙過程已經是超越教室的藩籬，而周遭的成人們皆可為孩子成長能力起帆的重要舵手。

　　爾後，有幸為本書內容提供自己從事教保工作的些許經驗，設計活動並與各位父母、幼教夥伴分享。實際上，設計過程也發覺蒙式教學不啻僅能運用於教室中，而各位父母或是樂於蒙氏的幼教工作者，便能在家中實踐蒙特梭利基本概念，您將驚喜發現，孩子的內在能力都有豐沛的學習潛能。而在蒙特梭利教具的製作及執行過程，更能體會其教育中的哲學理念，引申新觀念，感受幼兒教育領域根源的創意無限，也會發覺蒙氏教育是易於落實於日常生活中，為最佳採用的教育模式。

　　再者，蒙氏教育以實物與圖像雙並操作的方式呈現，對孩子內在及外在能力的培養，已經呼應到「做中學」理念深為完整。因此，教學者與孩子互動過程應是有趣及充滿收穫的。相對來說，收穫未必是孩子學習成果，反過來，有可能是負責引導的成人從中體會最為深刻，驚訝於原來「教育」果真就在生活的時時刻刻當中。

　　而本書能順利完成拍攝部分，要感謝台北縣淡水鎮「橡樹托兒所」創辦人程月娥所長與張昕琳老師，在進行教具製作過程中的悉心指導及提供場地上的全力協助。

　　最後，感謝大學恩師——施淑娟老師的不嫌，提點進入蒙氏教育領域驚艷與深悟，讓筆者得以初探蒙氏的新手身分，跟隨恩師撰寫此書，接受到蒙氏教育的信念與實踐深植於心中而感動。在此過程中，為自身開拓幼兒教學生涯的另一個「新」視野，也誠如摯友——簡明珠老師所提及，任何教育者需用「心」看孩子的視角，應為理所態度。完成此書的同時，自身的教育觀點也蛻

變為更多元。至此，期望更多幼教工作者及父母們，皆能成為孩子們的起舵者，啟蒙無限可能！

薛慧平
筆於華岡

Contents

觸覺

163 第二部曲 指導

視覺

觸覺

聽覺

219 第三部曲 特別的叮嚀

導讀： 協助兒童內在生命的發展

　　蒙特梭利在《吸收性心智》一書中提到「人類偉大的人格始於誕生的那一刻」，這似乎是說教育必須從出生開始。沒錯，在生命的初期，教育乃是要幫助兒童展開他與生俱來的能力。還記得，當孩子出生後，我們總是興致高昂的教他認識環境中的事物、社會禮節或協助孩子身體的成長，例如：當看到客人來時，便會告訴孩子：「這是阿姨，來，叫阿姨。」當孩子學會扶著桌椅走路，便會稱讚他：「很棒喔！」，並鼓勵他不要扶桌椅試試看；若孩子可以不用扶著桌椅而走路時，那真是欣喜萬分，到處傳播這好消息。什麼時候，這樣歡欣的感覺消失了？是孩子進入托兒所後，您又忙著工作，因此這樣的親子互動與欣喜的感覺似乎減少了？

　　隨著孩子年齡的增長，大人對他們的要求也相對的提高，一點點的進步，不再像從前一樣能獲得父母欣慰的笑容與掌聲。人們有耐心的等待小樹苗成長為大樹，卻無法忍受孩子需要重覆的教導與叮嚀。對孩子而言，他利用周遭環境的一切事物，吸收創造出屬於自己的智能，這就是蒙特梭利所說的「吸收性心智」。從遊戲開始，孩子利用雙手來經驗與感受。雙手是人類智慧的工具，孩子必須經過無數次反覆的練習，直到他內在獲得滿足才停止，但究竟要經過幾次的練習才能獲得內在滿足，沒有人知道答案，因為答案在孩子的心裡，因此，大人如何協助孩子內在生命的成長，便是一項重要的課題了。

　　蒙特梭利「敏感期」的原理開創了幼兒教育的新局面，也提供了教育孩子的最佳指標。敏感期只是成長過程中的一段短暫時期，一旦消失就永遠不可能再度發生的現象，兒童在具有敏感力的時期，可以持續而毫不費力的增長能力及掌握文化，所以不要輕忽這段時期的教育價值與潛力。兒童在敏感期內能夠輕易的掌握具有難度的知識和技能，甚至長時間的進行活動也不會覺得累。敏感期在所有兒童身上都是共有的，也有大致上的標準時期，但是因個人的差異而有些許的不同。在附錄中您將看到敏感期的內容，當您協助孩子掌握敏感期

的發展，在不久的將來，孩子便擁有掌握終生自我教育的習慣。

根據史坦丁的論述，感覺的敏感期是一歲三個月到六歲，兒童在兩歲時對會動的小東西呈現強烈的興趣和關心。因此，蒙特梭利認為智慧的基礎是感覺和運動，所以非常注重兒童的感覺教育，並創設了許多獨特的感覺教具來協助孩子的發展。五種感官是我們與環境接觸的橋樑，而心智則藉著感官所吸收的經驗而變得熟練，甚至達到完美。感官的練習使孩子成為一位觀察者，不但發揮適應文明世界的功能，也使他具備生活應變的能力。所以，感覺教育就是提供兒童探索世界的一把鑰匙，使孩子有眼光，開啟通往知識的大道。

蒙特梭利的感覺教具引導孩子從具體到抽象，從簡單到複雜，強調單一的特性，幫助孩子將注意力集中在一個簡單的特質上，加深孩子對大小、形狀、顏色、輕重、序列和對應的印象，這些都必須藉由個別的操作，孩子才能真正的理解，而有了這些概念後，更能加強孩子建立清楚邏輯的概念。孩子在操作第一階段的基本示範後，就會有出現有變化的玩法，這是孩子自己發現的，而這樣的發現，正表示孩子的概念已經內化了。當孩子建立觀念後，再給予名稱的認識。孩子能夠將教具的品質做分類，並應用在日常生活中，這是協助他打開一扇語言之門。在孩子感官的概念清楚時，我們可以使用一些記憶遊戲來強化孩子的概念。當孩子在操作教具時，有能力自己做錯誤的控制，這才是達到操作的真正目的——自我學習。以下是蒙特梭利提供給教育者，指導兒童練習感覺教具的兩個階段，相信對初次認識蒙特梭利感覺教育的人，只要掌握其原則，便能帶領孩子優游於寬廣的感官世界。

第一部曲　啟蒙

一、對比性——首先，提供極對比的物體給幼兒，例如：分辨顏色時，拿最強烈對比的紅色與黃色。

二、相同性——再來，增加幾個彼此相似性的物體，例如：拿兩個完全相同的黃色物體和兩個完全相同的紅色物體做配對。

三、序列（分等級）——最後提供難以分辨的物品，例如：一組由淺

黃到深黃依次顏色加深的物體。

第二部曲　指導：三階段教學法

第一階段教學　感官知覺與名稱的連結
　　例如：教學者帶領大小名稱的認識，並說：「這是大的」、「這是小的」。

第二階段教學　認識某個名稱所對應的實物
　　例如：教學者說：「請你指大的給我看」、「請你指小的給我看」
　　　　　或「請你拿大的給我」、「請你拿小的給我」
　　　　　或「哪一個是大的？」、「哪一個是小的？」

第三階段教學　回憶名稱與物品之間的對應關係
　　例如：教學者說：「請你告訴我，這是什麼？」

◎　附錄：敏感期

內容	年齡
感覺	一歲三個月～六歲
語言	四個月～三歲
秩序	二歲～三歲
肌肉的運動	二歲半～四歲
對細緻物品的興趣	一歲三個月～四歲
對時間和空間的認識	二歲～四歲
精確的動作（社會禮儀）	三歲半～四歲
書寫	三歲半～四歲半
閱讀	四歲
音樂	二歲～六歲

此表綜合史坦丁、馬洛克，以及海因斯托克對敏感期的陳述〔蒙台梭利教育的比較研究與實踐（上），1993〕

Part 1
第一部曲　啟蒙

此一階段的活動強調的是對五種感官的認識，包含視覺、觸覺、聽覺、嗅覺與味覺，這樣的順序不是意味著要先教視覺，等孩子學會了視覺後才教觸覺及其他的感覺能力，這樣的觀念是完全錯誤的，因為人習慣先使用眼睛來判斷事物，因此教導孩子時，也是習慣先教看得見的東西，這便是為何大小、長短或顏色的概念都是嬰幼兒先學會的技巧。如果您的孩子對聽覺比較敏感，您便可從這能力開始引導他，這五種感覺是可同時進行的，只要您考量孩子的發展與參考書上的適用年齡來使用，相信會讓您的孩子學得更有趣且有效果。如果您發覺書上的適用年齡不符合您孩子的發展，千萬不要傷心或高興，因為每個孩子的發展速度都不一樣，現在某方面發展慢，並不代表每一方面的發展都慢，讓孩子依自我的發展速度來學習，這對孩子而言才是最佳的教學方式。再來，讓孩子有重覆玩相同教具的機會，孩子因為喜歡重覆性的活動，千萬別阻止他，更不可說：「這有什麼好玩啊！不是玩很多遍了嗎？你不會煩喔！」您的阻止會讓孩子覺得重覆是無價值的，也相對抹煞他內在建構整合的機制，當孩子重覆愈多遍，其自我建構的能力也隨之增強，但重覆的次數會因個人而有所差異。以上提到的兩點發展的原則，正符合美國幼教協會（NAEYC）所提倡的發展合宜的幼教實務（developmentally appropriate practice）中，發展原則的第三和第十項，當教學者了解愈多孩子發展的原則後，將能做出正確的教育決策（Bredekamp & Copple, 1997），這樣便能創造一個有品質的幼教環境，希望不論是老師或保母與家長之間，都能一起合作與努力，為孩子的成長提供一個合宜的幼教環境，奠定其良好的根基。

視覺

蒙特梭利

感官的發展確實是先於更高層次的智能發
展，而形成時期則為三歲到六歲之間。

——蒙特梭利，《發現兒童》，*P.*152——

尺寸的認識

　　帶過嬰兒的您，相信一定有如此經驗，一個六、七個月的孩子，拿起身邊的玩具或東西放在口中「探索」；或是不停的開著櫃子尋找寶物，將櫃子裡的東西灑了滿地；或是看到牆壁或沙發上有一個洞，便好奇的用手指頭挖一挖；或是拿起身旁可觸摸的東西，敲敲打打一番，這就是蒙特梭利所說的「感官敏感期」，零到六歲則為其關鍵期。

　　當初，蒙特梭利製作帶插座圓柱體、粉紅塔、棕色梯、長棒與彩色圓柱體時，您知道她為什麼都是用單一的顏色來設計這些教具嗎？因為孩子在做視覺的辨認時，顏色的接收是一個很強烈的感官刺激，如果你想讓孩子認識大小，可是這物品卻充滿了五顏六色，您想孩子會注意到這物品的大小還是顏色？對了！答案當然是顏色。當孩子在操作教具時，看到的是顏色，而不是大小的差異，這便意味著此教具不適合介紹大小的概念。因此當您在尋找教具時，最好是用同樣顏色與材質的物品來介紹大小、高低、粗細及長短，讓孩子明顯感受到物品之間的差異性。

　　在每一個家庭裡，到處充滿著有關於大小、高低、粗細和長短等尺寸的物品，而這些物品就是您最佳的教具，只要謹記蒙特梭利所提到，有關指導兒童練習感覺教具的兩個階段，即可協助您孩子的心智發展。

◎大小比一比

○○○○ 材料

第一階段

顏色相同但大小不同的球各一顆。

第二階段

顏色相同但大小不同的球各兩顆。

第三階段

五種不同大小但顏色相同的球各一顆。

每一階段

托盤一個。

○○○○ 適用年齡

一歲半以上。

◎◎◎◎ 示範步驟

第一階段

1. 請孩子坐在你慣用手的另一邊或對面，告訴他，「你看看這兩顆球，這一顆是大的」，拿給孩子，讓他摸一摸，感受「大」的感覺。

2. 「所以我手中的這顆球，就是小的」，同樣拿給孩子，讓他摸一摸，感受「小」的感覺。

第二階段

1. 拿出另一組大和小的球，因此便有兩組大與小的球。

2. 請孩子將大小一樣的球配對放在一起。

第三階段

1. 拿出五顆大小不同的球，請孩子將這些球依由大到小的順序來排列。

2. 完成後將球放回容器中。

3. 如果孩子還要玩，讓他自己獨立操作第一到第三階段。

◎◎◎◎ 注意事項

1. 當孩子無法正確完成第三階段時，您可以讓他只操作到第二階段，另外找機會再單獨示範第三階段。

2. 可尋找孩子感興趣的物品來操作。

◎◎◎◎ 延伸變化

尋找家中其他物品來比較大小。

◎ 哪一個比較高？

●●●● 材料

✿ 第一階段

顏色相同但高度明顯不同的積木各一個。

✿ 第二階段

顏色相同但高度明顯不同的積木各兩個。

✿ 第三階段

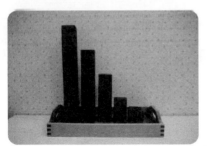

五種顏色相同但高低不同的積木各一個。

✿ 每一階段

托盤一個。

●●●● 適用年齡

一歲半以上。

○○○○ 示範步驟

第一階段

1. 請孩子坐在你慣用手的另一邊或對面，告訴他，「你看看這兩個積木，這一個是高的」，說完放在孩子面前。

2. 「所以我手中的這個積木，就是低的」，將低的積木放在高的積木旁，讓孩子看出高低的差異。

第二階段

1. 拿出另一組高和低的積木，因此便有兩組高與低的積木。

2. 請孩子將高低一樣的積木配對放在一起。

第三階段

1. 拿出五個高低不同的積木，請孩子將這些積木依由高到低的順序來排列。

2. 完成後將積木放回容器中。

3. 如果孩子還要玩，讓他自己獨立操作第一到第三階段。

○○○○ 注意事項

當孩子無法正確完成第三階段時，您可以讓他只操作到第二階段，另外再找機會單獨示範第三階段。

○○○○ 延伸變化

尋找家中其他物品來比較高低。

◎ 粗細摸一摸

○○○○ 材料

🌀 第一階段

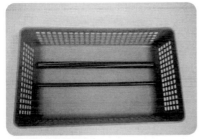

顏色相同但粗細不同的吸管各一根。

🌀 第二階段

顏色相同但粗細不同的吸管各兩根。

🌀 第三階段

五種顏色相同但粗細不同的吸管各一根。

🌀 每一階段

托盤一個。

○○○○ 適用年齡

一歲半以上。

◎◎◎◎ 示範步驟

第一階段

1. 請孩子坐在你慣用手的另一邊或對面，告訴他，「你看看這兩根吸管，這一根是粗的」，說完放在孩子面前。
2. 「所以我手中的這根吸管，就是細的」，將細的吸管放在粗的吸管旁，讓孩子看出粗細的差異。

第二階段

1. 拿出另一組粗和細的吸管，因此便有兩組粗與細的吸管。
2. 請孩子將粗細一樣的吸管配對放在一起。

第三階段

1. 拿出五根粗細不同的吸管，請孩子將這些吸管依由粗到細的順序來排列。
2. 完成後將吸管放回容器中。
3. 如果孩子還要玩，讓他自己獨立操作第一到第三階段。

◎◎◎◎ 注意事項

當孩子無法正確完成第三階段時，您可以讓他只操作到第二階段，另外再找機會單獨示範第三階段。

◎◎◎◎ 延伸變化

尋找家中其他物品來比較粗細。

◎長長短短不一樣

 材料

🌀 第一階段

顏色相同但長短不同的筷子一根。

🌀 第二階段

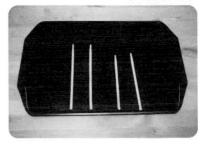

顏色相同但長短不同的筷子兩根。

🌀 第三階段

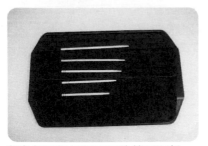

顏色相同但長短不同的筷子五根。

🌀 每一階段

托盤一個。

◎◎◎◎ 適用年齡

一歲半以上。

○○○○ 示範步驟

第一階段

1. 請孩子坐在你慣用手的另一邊或對面，告訴他，「你看看這兩根筷子，這一根是長的」，說完放在孩子面前。
2. 「所以我手中的這根筷子，就是短的」，將短筷子放在長筷子旁，讓孩子看出長短的差異。

第二階段

1. 拿出另一組長和短的筷子，因此便有兩組長與短的筷子。
2. 請孩子將長短一樣的筷子配對放在一起。

第三階段

1. 拿出五根長短不同的筷子，請孩子將這些筷子由長到短的順序來排列。
2. 完成後將筷子放回容器中。
3. 如果孩子還要玩，讓他自己獨立操作第一到第三階段。

○○○○ 注意事項

當孩子無法正確完成第三階段時，您可以讓他只操作到第二階段，另外再找機會單獨示範第三階段。

○○○○ 延伸變化

尋找家中其他物品來比較長短。

　　幼兒對於大小、高低、粗細及長短的認識，可在出生後便開始讓他接觸，因為在嬰兒期父母所準備的玩具中都擁有以上所提到的特徵，但真正進入介紹的第一階段，則可開始於一歲半，當孩子真正了解且正確完成第二階段後，父母才可進入第三階段的引導，因為第三階段是序列的概念，若孩子無法在兩歲時完成，您可等候孩子較成熟後再引導他。當然，若此時您引導孩子完成大小的認識，而他無法完成第三階段，您還是可以進行下一項活動的介紹，別因為他無法完成第三階段而延誤其他概念的認識。

　　尺寸的認識與比較不僅是感官的練習，更是為以後數學邏輯思考做預備，因此每個概念的認識與理解都相當重要，讓孩子從反覆學習與操作中，更加深對尺寸的概念，而不是只為了完成第一階段到第三階段而已。範例中所介紹的教具，提供了適用年齡的參考，但並非適用於每個孩子，要依據其成熟度來決定，當您無法確定孩子是否能了解所介紹的概念時，就直接示範第一及第二階段，若孩子顯現有困難時，便可知道他還需要一段時間，您可在他已了解的概念中加入更多的或不同的教具，讓孩子從反覆操作中將此概念更加融會貫通。大小、長短、高低、顏色和形狀的介紹並無一定的順序，不是介紹完「大小」才接著介紹「長短」，您可依當時孩子的興趣來做介紹，這樣不但能達到事半功倍的目的，也讓他自由地沉浸於操作中而獲得滿足。反之，若孩子對已介紹的工作沒有探索的意念，也提不起興趣時，除了做延伸變化外，很可能是此工作對他而言太簡單了，因此建議您介紹更富有挑戰性的活動，才能激發孩子操作的欲望喔！再來，在您介紹教具的過程中，不要給予過多的言語，讓孩子自己用眼睛來觀察物品，這樣自我的學習會比您的提示還要有用呢！而且，在示範的時候，別忘記將您的動作放慢，確定孩子看到您做的每一個動作。

蒙特梭利

我們應該安排讓他多接觸那些可以幫助其感官發展的刺激，以奠定其智能的基礎。

——蒙特梭利，《發現兒童》，*P.153*——

顏色的認識

　　當如如很小的時候，每次過馬路，爸爸都會指著路上的紅綠燈說：「這是紅燈喔！看到紅燈亮的時候，不可以走，看到綠燈亮時才可以過馬路，知道嗎？」而如如總是似懂非懂的對爸爸點點頭。到郊外野餐時，爸爸便說：「如如，你看！你看！你知道天空是什麼顏色嗎？我告訴你啊，天空是藍色的，爸爸的杯子就是藍色的，現在你找找看我身上有沒有藍色的東西。還有，這些樹是綠色的，太陽是紅色的喔！你可不可以找到和它們一樣顏色的東西？」就這樣，一有機會爸爸總是教如如認識各種顏色，教了一陣子之後，爸爸便開始考如如，走在路上便問他：「這樹是什麼顏色的呀？天空啊？房子呢？還有花呢？」剛開始如如都答對了，但隨著爸爸講得愈來愈多時，如如就生氣了，不想再回答爸爸的問題。

　　不知道您是否有這樣的經驗，當孩子很小的時候，便開始教導他對顏色的認識，有些孩子對顏色的領悟力很強，每次在大家面前說對答案時，您總是很得意自己的孩子很聰明，而如果孩子答錯了，便罵他：「怎麼那麼笨啊！我不是教你很多遍了，這麼簡單都記不得。」新生兒剛出生時，視覺系統尚未發展完成，剛開始對黑白對比的顏色特別有興趣，漸漸的藉由對環境的探索，他才知道這個世界是充滿著各式各樣的色彩，於是他的眼光開始追逐著亮麗的色彩，因為我們的生活環境中四處充滿著色彩，因此每位父母最先教孩子的便是對顏色的認識。

　　蒙特梭利曾提到，在兒童之家，當老師要指導兒童對顏色的認識時，為了吸引孩子的注意力，她說：「注意看！」而要指導顏色的名稱時，使用三階段教學，便能清楚的讓孩子認識顏色，如果孩子做錯了，老師不必再重覆這個活動，也不必說什麼，只要微笑著，把這些顏色置諸腦後。這說明了什麼？顏色的教學是很單純的，不必天馬行空與孩子討論顏色，只要簡單的讓孩子看到色彩且認識；如果孩子還是不了解，請不要一直重覆教導或糾正他。適當的作法

是讓孩子擁有正確顏色的教具，教導孩子認識之後，再請他找尋環境中相同色彩的物品，這就是一個具體的認識過程。因此，當您要在家裡教孩子認識顏色時，請準備相同材質且製作相同大小、尺寸，而只有顏色不一樣的教具，這樣單一的孤立性，將使顏色的差異性充分顯現出來。還有，別忘記從三原色紅、黃、藍開始介紹，再進行好玩的配色遊戲喔！

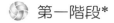 好漂亮的顏色喔！

◎◎◎◎ 材料

🌀 第一階段*

紅色及黃色相同材質的木棒各一根。

🌀 第二階段*

紅色及黃色相同材質的木棒各兩根。

🌀 第三階段*

深紅色到淺紅色相同材質的木棒五根。

🌀 每一階段

托盤一個。

◎◎◎◎ 適用年齡

一歲半以上。

---

*：全書標示此符號的圖另製彩圖，請見本書前的「彩色圖例」。

◎◎◎◎ 示範步驟

第一階段

1. 請孩子坐在你慣用手的另一邊或對面,告訴他,「你看看,這根木棒的顏色是紅色」,說完放在孩子面前。
2. 又說:「這根木棒的顏色是黃色」,將紅色與黃色放在一起,讓孩子看出顏色的差異。

第二階段

1. 拿出另一組紅黃顏色的木棒,因此便有兩組紅黃顏色的木棒。
2. 請孩子將顏色一樣的木棒配對放在一起。

第三階段

1. 拿出五根深紅色到淺紅色的木棒,請孩子將這些木棒依由深到淺的順序來排列。
2. 完成後將木棒放回容器中。
3. 孩子可獨立操作第一到第三階段。

◎◎◎◎ 注意事項

1. 當孩子的能力發展比以前進步時,可同時介紹三種顏色。
2. 可運用相同的方法介紹其他顏色。

◎◎◎◎ 延伸變化

1. 記憶遊戲:我們可以讓孩子先看某一種顏色,然後請他到遠一點的地方,在那桌子上面放著各種顏色的實物,請孩子選擇同樣顏色的實物,再拿回原來的地方,比對是否相同。
2. 拿著色棒去找與家中環境、物品、衣服或玩具相同的顏色。
3. 拿一些小玩具(例如:積木、小球、彩色珠子等)來與色棒配對,紅色的玩具排在紅棒下,黃色、藍色依此類推。

◎ 顏色變變變

○○○○ 材料

✿ 第一階段*

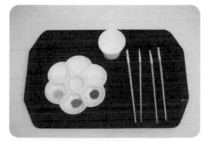

1. 紅、黃、藍三種顏料。
2. 四枝水彩筆。
3. 一個裝有水的杯子。
4. 調色盤一個。

✿ 第二階段*

塗有綠、橘、紫色的積木各兩個。

✿ 第三階段

深淺不同的紫色積木五個。

✿ 每一階段

托盤一個。

○○○○ 適用年齡

三歲以上。

○○○○ 示範步驟

第一階段

1. 邀請孩子來看這個顏色遊戲，請他坐在您慣用手的另一邊或對面，首先告訴他，「這些是你已經認識的顏色喔！有紅色、黃色及藍色」，說完便將顏色指給他看。

2. 請孩子注意看你，並說：「今天顏色要變魔術喔！」用水彩筆沾一點紅色顏料放在調色盤上，再用另一枝水彩筆沾黃色顏料在同一個位置上，接著拿另一枝水彩筆將兩個顏色調合在一起，變成了橘色，於是告訴孩子「這就是橘色」。

3. 再來，同樣將紅色顏料用水彩筆沾到調色盤上，再將藍色顏料放到相同的位置，調合後變成紫色，於是告訴孩子「這就是紫色」。

4. 這次將黃色顏料沾到調色盤上，再將藍色顏料放到相同的位置，調合後變成綠色，於是告訴孩子「這就是綠色」。

5. 將調合後的三種顏色放在一起，讓孩子看出這些顏色的差異。

第二階段

1. 拿出兩組塗有橘、紫、綠三種顏色的積木。

2. 請孩子將顏色一樣的積木配對放在一起。

第三階段

1. 拿出塗有五種不同深淺的紫色積木，請孩子將這些積木依由深到淺的順序來排列。

2. 運用上述的方法，利用其他顏色的積木做由深到淺的排列。

3. 孩子可獨立操作第一到第三階段。

○○○○○ 延伸變化

1. 按孩子的能力，可同時排列五種到十種深淺的顏色。

2. 將積木按顏色深淺的排列做造型的變化。

3. 拿著積木找尋與家中物品或衣服相同的顏色。

4. 介紹更多的顏色讓孩子認識。

5. 利用不同顏色的襪子、手套、帽子等做配對。

6. 指導孩子配色的觀念，學習衣服、褲子、襪子、鞋子如何配色。

　　日常生活環境中充斥著各式各樣顏色的物品，因此教具的取得其實相當容易。當孩子出生後，便可將他的嬰兒床或整個房間佈置充滿溫暖的色彩。從小，孩子從大人為他們預備的房間、穿著或家裡的擺設中學習色彩的運用與搭配，這便是生活美學，此課程遠比認識黃色、紅色、藍色的名稱還要來得重要，父母千萬別因小孩無法正確回答而責備他，甚至還拿著顏色來考他，這樣的壓力不僅無法帶領孩子正確認識名稱，反而讓他產生排拒或害怕的心理，所以讓孩子處於一個正向而愉快的學習環境是非常重要的喔！

　　顏色的利用不同於粉紅塔、棕色梯、長棒與彩色圓柱體等教具，為使孩子運用視覺去學習分辨，接收顏色是需要強烈的感官刺激，當孩子在操作時，顏色的強烈對比與差異的學習，就是辨別顏色的開始。同時，這意味在使用顏色教具的概念時，最好使用同樣尺寸與外觀材質相同的物品來介紹，讓孩子明顯感受到物品中的差異性。例如，黃色球體與紅色球體放在一起做分辨，便是明顯讓孩子看到顏色的不同；若是黃色球體與紅色正方體要讓孩子來分辨，他同時看到顏色與形體的不同，便很難馬上說出差異性來。因此，等待孩子對單一差異性都熟悉後，才使用兩種以上差異性的物品來分辨，這是因為物體的外型容易分散孩子的注意力。

　　因此，當您尋找家中物品當作教具時，謹記在引導孩子認識顏色這個方向，要使用外觀與材質相同的物品，這樣孩子接收的資訊便不會混淆，他能清楚的知道要從哪一個方向來分辨；反之，孩子便不知是要找紅色球體或紅色長方體來和黃色三角錐做比較？所以，維持教具的單一性，孩子的認知也會因此更為明確，使活動進行得更流暢，這就是在進行教具選擇及發現孩子在活動中有遲疑時所要注意的事項。

For Father & Mother

給父母的話

　　最後，在顏色的辨別上，可以運用不同對比的顏色進行比較，也可以用同樣色系的物品或是自製教具，做深淺的排列。當您開始進行指導顏色的過程，就可以利用前面活動中介紹的兩個階段來引導顏色的辨別，順利的話，更可以進行到第三階段加以變化延伸囉！

蒙特梭利

生理方面的教育使兒童的感官熟練，也培養
了他推算和聯想的習慣，直接為心理的發展
做好了準備。

——蒙特梭利，《發現兒童》，*P.153*——

形狀的認識

　　在我們的生活周遭，充滿了各種不同形狀的物品，而這形狀的變化也帶給嬰兒視覺與觸覺刺激的滿足。記得當年赴美求學，筆者兒子才三個月大，初為人母的我竟擔心他會不記得我，於是將照片放在自製的相框中，用毛線串成一條，請保母將相片吊起來，讓他欣賞以便記得我和家人，此舉只是單純的想讓孩子看照片，但因相框是呈現各種形狀的設計，無形之中也讓孩子接觸了形狀的變化。

　　當介紹形狀時，千萬別變成幾何分析，例如教孩子認識正方形有四個邊、四個角，而三角形有三個邊、三個角，這樣的解說，將物體形狀的認識和數學混為一談，會讓孩子混淆不清。形狀的認識是屬於視覺上的辨別，如果能讓孩子藉由手的觸摸，更能讓他體會出形狀的具體概念，這也是感官教育的特性，不只運用單一的感官能力來認識抽象的概念，有時結合其他的感官能力不僅有助於孩子的理解，更能提高感官的敏銳度，擴大知覺的領域和奠定智能發展的穩定根基，正如蒙特梭利所說：「運動覺與視覺的聯結，對於形狀的知覺與記憶大有助益。」因此善用您的智慧，找尋家中的寶物，會有意想不到的結果喔！

這是什麼啊？

○○○○ 材料

第一階段

顏色相同的圓形、三角形、正方形各一個。

第二階段

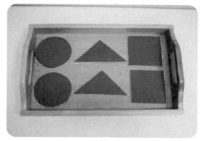

顏色相同的圓形、三角形、正方形各兩個。

第三階段

大小不同的圓形、三角形、正方形各五個。

每一階段

托盤一個。

○○○○ 適用年齡

二歲以上。

○○○○　示範步驟

第一階段

1. 請孩子坐在你慣用手的另一邊或對面，手拿圓形，告訴他，「這個是圓形」，說完放在孩子面前。
2. 再拿三角形，告訴他「這個是三角形」，說完放在孩子面前。
3. 最後拿正方形，告訴他「這個是正方形」，說完放在孩子面前。
4. 讓孩子看看各種形狀的差異。

第二階段

1. 拿出另一組圓形、三角形、正方形，因此便有兩組形狀。
2. 請孩子將形狀一樣的配對放在一起。

第三階段

1. 拿出五個大小不同的圓形，請孩子將這些圓形依由大到小的順序來排列。
2. 請孩子再拿三角形及正方形來操作。
3. 完成後將全部形狀放回容器中。
4. 孩子可獨立操作第一到第三階段。

○○○○　注意事項

1. 當孩子無法正確完成第二階段時，您可以只介紹兩種形狀，讓孩子覺得容易完成後，下次再找機會介紹新的形狀。
2. 此教具需使用耐用的材料來製作，如珍珠板、瓦楞紙或不織布等材料。

○○○○　延伸變化

1. 用同樣方式介紹長方形、梯形、菱形、卵形、橢圓形、各種三角形（正三角、等腰、鈍角、直角、銳角等）。
2. 拿起一個圖形，在家中找尋相似的形狀。
3. 在公園、兒童遊樂場、商店或街上找尋認識的形狀。

◎ 特別的形狀

○○○○ 材料

❀ 第一階段

心形、星形及菱形各一個。

❀ 第二階段

心形、星形及菱形各兩個。

❀ 第三階段

大小不同的心形、星形及菱形各五個。

❀ 每一階段

托盤一個。

○○○○ 適用年齡

二歲半以上。

○○○○ 示範步驟

第一階段

1. 請孩子坐在你慣用手的另一邊或對面，手拿心形，告訴他，「這個是心形」，說完放在孩子面前。
2. 再拿星星，告訴他「這是星形」說完放在孩子面前。
3. 最後拿菱形，告訴他「這是菱形」，說完放在孩子面前。
4. 讓孩子看看各種形狀的差異。

第二階段

1. 拿出另一組心形、星形及菱形，因此便有兩組形狀。
2. 請孩子將相同形狀的物品配對放在一起。

第三階段

1. 拿出五個大小不同的心形，請孩子將這些心形依由大到小的順序來排列。
2. 請孩子再拿星形及菱形來操作。
3. 完成後將全部形狀放回容器中。
4. 孩子可獨立操作第一到第三階段。

○○○○ 注意事項

1. 當孩子無法正確完成第二階段時，您可以只介紹兩種形狀，下次再找機會介紹其他的形狀。
2. 此教具需使用耐用的材料來製作，如珍珠板、瓦楞紙或不織布等材料。

◎ 五邊形的家族

○○○○ 材料

❀ 第一階段

相同顏色的五、六、七邊形各一個。

❀ 第二階段

相同顏色的五、六、七邊形各兩個。

❀ 第三階段

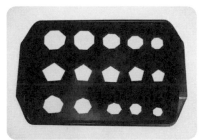

顏色相同大小不同的五、六、七邊
形各五個。

❀ 每一階段

托盤一個。

○○○○ 適用年齡

三歲以上。

○○○○ 示範步驟

第一階段

1. 請孩子坐在你慣用手的另一邊或對面，手拿五邊形，告訴他，「這個是五邊形」，說完放在孩子面前。
2. 再拿六邊形，告訴他「這個是六邊形」，說完放在孩子面前。
3. 最後拿七邊形，告訴他「這個是七邊形」，說完放在孩子面前。
4. 讓孩子看看各種形狀的差異。

第二階段

1. 拿出另一組五邊形、六邊形、七邊形，因此便有兩組形狀。
2. 請孩子將形狀一樣的配對放在一起。

第三階段

1. 拿出五個大小不同的五邊形，請孩子將這些五邊形依由大到小的順序來排列。
2. 請孩子再拿六邊形及七邊形來操作。
3. 完成後將全部形狀放回容器中。
4. 孩子可獨立操作第一到第三階段。

○○○○ 注意事項

1. 當孩子無法正確完成第二階段時，您可以只介紹兩種形狀，下次再找機會介紹其他的形狀。
2. 你可以用同樣方式介紹八邊形、九邊形、十邊形等形狀。
3. 這項五邊形的認識對於幼小的孩子而言會比較困難，因此當孩子能正確數出一到十的數字時，才是比較適當的介紹時機。
4. 此教具需使用耐用的材料來製作，如珍珠板、瓦楞紙或不織布等材料。

◎ 三角形的家族

○○○○ 材料

🌀 第一階段

正三角形、等腰與直角三角形各一個。

🌀 第二階段

正三角形、等腰與直角三角形各兩個。

🌀 第三階段

顏色相同但大小不同的正三角形、
等腰與直角三角形各五個。

🌀 每一階段

托盤一個。

○○○○ 適用年齡

三歲以上。

○○○○ 示範步驟

第一階段

1. 請孩子坐在你慣用手的另一邊或對面，手拿正三角形，告訴他，「這個是正三角形」，說完放在孩子面前。
2. 再拿等腰三角形，告訴他「這個是等腰三角形」，說完放在孩子面前。
3. 最後拿直角三角形，告訴他「這個是直角三角形」，說完放在孩子面前。
4. 讓孩子看看各種三角形的差異。

第二階段

1. 拿出另一組正三角形、等腰三角形和直角三角形，因此便有兩組形狀。
2. 請孩子將形狀一樣的三角形配對放在一起。

第三階段

1. 拿出五個大小不同的正三角形，請孩子將這些正三角形依由大到小的順序來排列。
2. 請孩子再拿等腰三角形及直角三角形來操作。
3. 完成後將全部的三角形放回容器中。
4. 孩子可獨立操作第一到第三階段。

○○○○ 注意事項

1. 當孩子無法正確完成第二階段時，您可以只介紹兩種形狀，下次再找機會介紹其他的形狀。
2. 這項工作已經讓孩子聽到三角形的名稱，因此重點是在讓孩子辨認出各種三角形之差異性，若孩子能做到便達到此教學的目的了，別勉強他記憶三角形的名稱，因為名稱的介紹是屬於下一階段的活動內容。
3. 此教具需使用耐用的材料來製作，如珍珠板、瓦楞紙或不織布等材料。

◎三角形組合㈠

1. 黃色及綠色兩邊為 15 公分，底為 21 公分，高為 10.5 公分的等腰三角形各兩個。
2. 灰色、黃色及綠色高為 15 公分，底為 8.5 公分，邊為 17 公分的直角三角形各兩個。
3. 黃色三邊各為 10 公分，高為 8.5 公分的正三角形兩個。
4. 紅色三邊分別為 15.5、6.8、14 公分的銳角三角形一個。
5. 紅色三邊分別為 9.5、6.8、14 公分的鈍角三角形一個。
6. 按圖所示，在每一個三角形的某個邊上畫上黑色的線條。
7. 托盤一個。

●●●● 適用年齡

四歲以上。

●●●● 示範步驟

第一階段

1. 請孩子坐在你慣用手的另一邊，將所有三角形都拿出來散放在桌上。
2. 按照顏色及大小形狀將所有的三角形做分類。
3. 拿出兩個綠色等腰三角形，將畫有黑色線的那一邊放在一起，但不要

邊靠著邊。

4. 用你慣用手的中指與食指，劃著一個三角形的黑線，而口中說「黑線」，再劃另一個三角形的黑線，口中說「黑線」，將兩個三角形的黑線部位併放在一起，且口中說著：「併在一起是黑線。」

5. 讓孩子看到兩個等腰三角形併在一起是正方形。

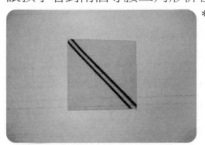

6. 拿出兩個黃色等腰三角形，將畫有黑色線的那一邊放在一起，但不要邊靠邊。

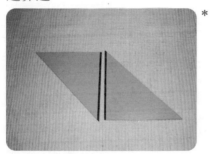

7. 用你慣用手的中指與食指，劃著一個三角形的黑線，而口中說「黑線」，再劃另一個三角形的黑線，口中說「黑線」，將兩個三角形的黑線部位併放在一起，口中說著：「併在一起是黑線。」

8. 讓孩子看到兩個等腰三角形併在一起是平行四邊形。

9. 接著，拿兩個灰色直角三角形，將畫有黑線的那一邊放在一起，但不要邊靠邊。

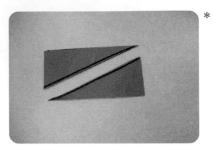

*

10. 同樣的，用你慣用手的中指與食指，劃著一個三角形的黑線，而口中說「黑線」，再劃另一個三角形的黑線，口中說「黑線」，將兩個三角形的黑線部位併放在一起，且口中說著：「併在一起是黑線。」

11. 讓孩子看到兩個直角三角形併在一起是長方形。

12. 再拿兩個綠色直角三角形，將畫有黑線的那一邊放在一起，但不要邊靠邊。

*

13. 同樣的，用你慣用手的中指與食指，劃著一個三角形的黑線，而口中說「黑線」，再劃另一個三角形的黑線，口中說「黑線」，將兩個三角形的黑線部位併放在一起，且口中說著：「併在一起是黑線。」

14. 讓孩子看到兩個直角三角形併在一起是平行四邊形。

15. 再拿兩個黃色直角三角形，將畫有黑線的那一邊放在一起，但不要邊靠邊。

16. 同樣的，用你慣用手的中指與食指，劃著一個三角形的黑線，而口中說「黑線」，再劃另一個三角形的黑線，口中說「黑線」，將兩個三角形的黑線部位併放在一起，且口中說著：「併在一起是黑線。」

17. 讓孩子看到兩個直角三角形併在一起是菱形。

18. 再來，拿兩個小正三角形，將畫有黑線的那一邊放在一起，但不要邊靠邊。

19. 同樣的，用你慣用手的中指與食指，劃著一個三角形的黑線，而口中說「黑線」，再劃另一個三角形的黑線，口中說「黑線」，將兩個三角形的黑線部位併放在一起，且口中說著：「併在一起是黑線。」

20. 讓孩子看到兩個正三角形併在一起是菱形。

21. 最後，拿出紅色鈍角及銳角三角形。

22. 同樣的，用你慣用手的中指與食指，劃著一個三角形的黑線，而口中說「黑線」，再劃另一個三角形的黑線，口中說「黑線」，將兩個三角形的黑線部位併放在一起，且口中說著：「併在一起是黑線。」

23. 讓孩子看到鈍角三角形和銳角三角形併在一起是梯形。

*

第二階段

當孩子熟悉這些三角形可組合成不同形狀時,便可利用這些三角形排列出各種不同的造型。

第三階段

與其他三角形組合搭配排列各種造型。

製作同一顏色的三角形,但不在邊上畫上黑線,讓孩子利用三角形的每一邊做組合,組成不同的形狀變化。

◌◌◌◌ 注意事項

1. 這是一項較困難的工作,如果孩子無法照著黑線來配對,您可讓他利用三角形來排列各式各樣的造型,例如:船、房子等,引發他對這項教具的興趣後,再來介紹黑線的配對。引導孩子了解兩個三角形的配對就能變出各種不同的形狀喔!

2. 此教具需使用耐用的材料來製作,如珍珠板、瓦楞紙或不織布等材料。

◌◌◌◌ 延伸變化

這組合的過程雖然已經呈現在讀者面前,但是您可以和孩子一起摸索看看,用不同的方法來組合,是否可呈現不一樣的答案,或是和孩子腦力激盪,看誰變化的圖案和別人不一樣喔!

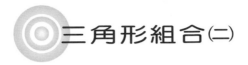

三角形組合㈡

○○○○ 材料

1. 兩邊為 15 公分，底為 21 公分，高為 10.5 公分的藍色等腰三角形兩個。
2. 高為 15 公分，底為 8.5 公分，邊為 17 公分的藍色直角三角形兩個。
3. 三邊為 10 公分，高為 8.5 公分的藍色正三角形兩個。
4. 三邊分別為 15.5、6.8、14 公分的藍色銳角三角形一個。
5. 三邊分別為 9.5、6.8、14 公分的藍色鈍角三角形一個。
6. 托盤一個。

○○○○ 適用年齡

四歲以上。

○○○○ 示範步驟

第一階段

1. 請孩子坐在你慣用手的另一邊，將所有的三角形都拿出來散放在桌上。
2. 按照形狀將所有的三角形做分類。
3. 拿出兩個等腰三角形，將底部對著底部，讓孩子看到兩個等腰三角形可以變成一個正方形。

4. 再來，將兩個等腰三角形的邊對邊，讓孩子看到變成一個平行四邊形。

5. 另一邊也邊對邊，還是一個平行四邊形。

6. 接著，拿兩個直角三角形，將最長的那一邊邊對邊，讓孩子看到可以變成一個長方形。

7. 再來，將兩個直角三角形的底部對著底部，讓孩子看到變成一個平行四邊形。

8. 最後，將第三邊的邊對邊，讓孩子看到併在一起是和剛剛不一樣的平行四邊形。

9. 再來，拿兩個小正三角形，將任何一邊對著邊，讓孩子看到都是變成菱形。

10. 最後，拿出鈍角及銳角三角形。

11. 將兩個三角形一個最長及一個第二長的那一邊併在一起，讓孩子看到鈍角三角形和銳角三角形併在一起是梯形。

第二階段

當孩子熟悉這些三角形可組合成不同形狀時，便可利用這些三角形排列出各種不同的造型。

第三階段

與其他三角形組合搭配排列各種造型。

◎◎◎◎ 注意事項

1. 三角形組合(二)是三角形組合(一)的延伸，因此您可發現其組合方法相同，只是此教具利用同一顏色來操作，讓孩子體會出相同的兩個三角形，可創造出許多形狀來。

2. 這是一項較困難的工作，因為並沒有黑線來指引如何配對，因此孩子必須利用兩個三角形相同的那一邊來配對，進而創造出各種不同的形狀。

3. 此教具需使用耐用的材料來製作，如珍珠板、瓦楞紙或不織布等材料。

◎◎◎◎　延伸變化

　　這組合的過程雖然已經呈現在讀者面前，但是您可以和孩子一起摸索看看，用不同的方法來組合，是否可呈現不一樣的答案，或是和孩子腦力激盪，看誰變化的圖案和別人不一樣喔！

三角形組合(三)

○○○○ 材料*

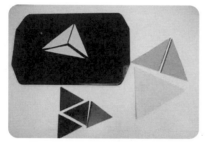

1. 三邊都是 20 公分，高為 17 公分的灰色正三角形一個。
2. 高為 13 公分，底為 10 公分，邊為 20 公分的綠色直角三角形兩個。
3. 兩邊為 11.5 公分，底為 20 公分，高為 6 公分的黃色等腰三角形三個。
4. 三邊為 10 公分，高為 8.5 公分的紅色正三角形四個。
5. 按圖所示，每一個三角形的某個邊線上畫上黑色的線條。
6. 托盤一個。

○○○○ 適用年齡

四歲以上。

○○○○ 示範步驟

第一階段

1. 請孩子坐在你慣用手的另一邊，將所有三角形都拿出來散放在桌上。
2. 按照顏色及形狀大小分類所有的三角形。
3. 拿出兩個綠色直角三角形，將畫有黑線的那一邊放在一起，但不要邊靠邊。

4. 用你慣用手的中指與食指，劃著一個三角形的黑線，而口中說「黑線」，再劃另一個三角形的黑線，口中說「黑線」，將兩個三角形的黑線部位併放在一起，且口中說著：「併在一起是黑線。」

5. 讓孩子看到兩個直角三角形併在一起是一個正三角形，並拿灰色的正三角形，放在綠色三角形的上面對對看，讓孩子看到是一樣的大小。

6. 接著，拿三個黃色等腰三角形，按著黑線排成正三角形，將畫有兩條黑線的邊放在一起，但不要邊靠邊。

7. 同樣的，用你慣用手的中指與食指，劃著一個等腰三角形的一條黑線，而口中說「黑線」，再劃另一個等腰三角形的一條黑線，口中說「黑線」，將兩個三角形的黑線部位併放在一起，且口中說著：「併在一起是黑線。」

8. 劃著第三個等腰三角形的兩條黑線，口中說「黑線，黑線」，再劃剛剛配對在一起的兩個三角形，口中說「黑線，黑線」，將三個三角形併在一起，且口中說著：「併在一起是黑線。」

9. 讓孩子看到三個等腰三角形併在一起是一個正三角形，並拿灰色的正三角形，放在黃色三角形的上面對對看，讓孩子看到是一樣的大小。

10. 再來，拿四個紅色小正三角形，將每一個畫有黑線的一邊放在一起，但不要邊靠邊，排成正三角形的形狀。

11. 同樣的，用你慣用手的中指與食指，劃著一個三角形的黑線，而口中說「黑線」，再劃另一個三角形的黑線，口中說「黑線」，將兩個三角形的黑線部位併放在一起，且口中說著：「併在一起是黑線。」如此做三次。

12. 讓孩子看到四個小正三角形併在一起是一個大正三角形，並拿灰色的正三角形，放在紅色三角形的上面對對看，讓孩子看到是一樣的大小。

13. 如圖所示，讓孩子看到這四個正三角形是一樣大小，卻是由不同的三角形組合而成。

第二階段

當孩子熟悉這些三角形可組合成不同形狀時，便可利用這些三角形排列出各種不同的造型。

第三階段

與其他三角形組合搭配排列各種造型。

●●●● 注意事項

1. 這是一項較困難的工作，如果孩子無法照著黑線來配對，您可以讓他利用三角形來排列各式各樣的造型，例如：船、房子等，引發他對這項教具的興趣後，再來介紹黑線的配對。引導孩子了解兩個三角形的配對就能變出各種不同的形狀喔！

2. 此教具需使用耐用的材料來製作，如珍珠板、瓦楞紙或不織布等材料。

●●●● 延伸變化

這組合的過程雖然已經呈現在讀者面前，但是您可以和孩子一起摸索看看，用不同的方法來組合，是否可呈現不一樣的答案，或是和孩子腦力激盪，看誰變化的圖案和別人不一樣喔！

◎三角形組合㈣

⚫⚫⚫⚫ 材料*

1. 三邊都是 10 公分，高為 8.5 公分的灰色正三角形六個。
2. 三邊都是 10 公分，高為 8.5 公分的綠色正三角形三個。
3. 三邊都是 10 公分，高為 8.5 公分的紅色正三角形兩個。
4. 三邊都是 20 公分，高為 17 公分的黃色正三角形一個。
5. 兩邊為 10 公分，底為 17 公分，高為 5 公分的紅色等腰三角形六個。
6. 按圖所示每一個三角形的某個邊線上畫上黑色的線條。
7. 托盤一個。

⚫⚫⚫⚫ 適用年齡

四歲以上。

⚫⚫⚫⚫ 示範步驟

第一階段

1. 請孩子坐在你慣用手的另一邊，將所有的三角形都拿出來散放在桌上。
2. 按照顏色及形狀大小將所有的三角形做分類。
3. 拿出六個灰色小正三角形，排列成六邊形，將畫有黑線的那一邊放在一起，但不要邊靠邊。

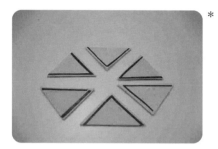

*

4. 用你慣用手的中指與食指，劃著一個三角形的黑線，而口中說「黑線」，再劃另一個三角形的黑線，口中說「黑線」，將兩個三角形的黑線部位併放在一起，且口中說著：「併在一起是黑線。」

5. 依此方法將六個正三角形併在一起，形成一個六邊形。

6. 接著，拿三個綠色小正三角形，將畫有兩條黑線的那兩邊放在一起，但不要邊靠邊。

*

7. 同樣的，用你慣用手的中指與食指，劃著一個三角形的一個等邊黑線，而口中說「黑線」，再劃另一個三角形的一個等邊黑線，口中說「黑線」，將兩個三角形的黑線部位併放在一起，且口中說著：「併在一起是黑線。」

8. 劃著第三個三角形的兩個等邊黑線，口中說「黑線，黑線」，再劃剛剛配對在一起的兩個三角形，口中說「黑線，黑線」，將三個三角形併在一起，且口中說著：「併在一起是黑線。」

9. 讓孩子看到三個正三角形併在一起是一個梯形。

10. 再來，拿兩個紅色三角形，將畫有黑線的地方放在一起，但不要邊靠邊。

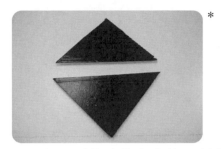

11. 用你慣用手的中指與食指，劃著一個三角形的黑線，而口中說「黑線」，再劃另一個三角形的黑線，口中說「黑線」，將兩個三角形的黑線部位併放在一起，且口中說著：「併在一起是黑線。」

12. 讓孩子看到兩個正三角形併在一起是菱形，將此菱形放在綠色梯形上面對對看，讓孩子看到梯形中有菱形的概念。

13. 再來，拿六個等腰三角形，將有黑線的地方配對成三個菱形的形狀，放在一起但不要邊靠邊。

14. 同樣的，用你慣用手的中指與食指，劃著一個三角形的黑線，而口中說「黑線」，再劃另一個三角形的黑線，口中說「黑線」，將兩個三角形的黑線部位併放在一起，且口中說著：「併在一起是黑線。」如此將其他兩個菱形也完成。

15. 再將此三個菱形併在一起形成一個六邊形，並放在灰色六邊形上面對對看，讓孩子看到是一樣大小的六邊形。

16. 將黃色正三角形拿出來，將三個紅色等腰三角形各擺在正三角形的三邊上，讓孩子看到也形成一個六邊形。

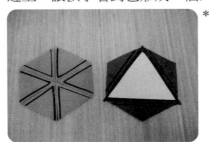

第二階段

當孩子熟悉這些三角形可組合成不同形狀時，便可利用這些三角形排列出各種不同的造型。

第三階段

與其他三角形組合搭配排列各種造型。

◉◉◉◉ 注意事項

1. 這是一項較困難的工作，如果孩子無法照著黑線來配對，您可以讓他利用三角形來排列各式各樣的造型，例如：船、房子等，引發他對這項教具的興趣後，再來介紹黑線的配對。引導孩子了解兩個三角形的配對就能變出各種不同的形狀喔！

2. 此教具需使用耐用的材料來製作，如珍珠板、瓦楞紙或不織布等材料。

◎◎◎◎ 延伸變化

　　這組合的過程雖然已經呈現在讀者面前，但是您可以和孩子一起摸索看看，用不同的方法來組合，是否可呈現不一樣的答案，或是和孩子腦力激盪，看誰變化的圖案和別人不一樣喔！

◎三角形組合㈤

○○○○ 材料*

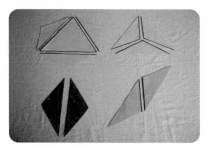

1. 三邊為 20 公分，高為 17 公分的黃色正三角形一個。
2. 兩邊為 11.5 公分，底為 20 公分，高為 6 公分的黃色等腰三角形六個。
3. 兩邊為 11.5 公分，底為 20 公分，高為 6 公分的紅色等腰三角形兩個。
4. 兩邊為 11.5 公分，底為 20 公分，高為 6 公分的灰色等腰三角形兩個。
5. 按圖所示，每一個三角形的某個邊線上畫上黑色的線條。
6. 托盤一個。

○○○○ 適用年齡

四歲以上。

○○○○ 示範步驟

第一階段

1. 請孩子坐在你慣用手的另一邊，將所有三角形都拿出來散放在桌上。
2. 按照顏色及形狀大小將所有的三角形做分類。
3. 拿出黃色正三角形，將三個黃色等腰三角形分別排列在正三角形的三邊，將有黑線的邊放在一起，但不要邊靠邊。

4. 用你慣用手的中指與食指，劃著正三角形一邊的黑線，而口中說「黑線」，再劃等腰三角形的黑線，口中說「黑線」，將兩邊的黑線部位併放在一起，且口中說著：「併在一起是黑線。」同樣方法將三邊的黑線併在一起。

5. 讓孩子看到一個正三角形和三個等腰三角形併在一起是一個六邊形。

6. 接著，拿三個黃色等腰三角形，按著黑線排成正三角形，將畫有兩條黑線的邊放在一起，但不要邊靠邊。

7. 同樣的，用你慣用手的中指與食指，劃著一個等腰三角形的一條黑線，而口中說「黑線」，再劃另一個等腰三角形的一條黑線，口中說「黑線」，將兩個三角形的黑線部位併放在一起，且口中說著：「併在一起是黑線。」

8. 劃著第三個等腰三角形的兩條黑線，口中說「黑線，黑線」，再劃剛剛配對在一起的兩個三角形，口中說「黑線，黑線」，將三個三角形併在一起，且口中說著：「併在一起是黑線。」

9. 讓孩子看到三個等腰三角形併在一起是一個正三角形，將此正三角形放在六邊形的中間做比較，讓孩子看到是與剛剛的黃色正三角形是一樣的。

10. 再來，拿兩個紅色等腰三角形，將每一個畫有黑線的那一邊放在一起，但不要邊靠邊。

11. 同樣的，用你慣用手的中指與食指，劃著一個三角形的黑線，而口中說「黑線」，再劃另一個三角形的黑線，口中說「黑線」，將兩個三角形的黑線部位併放在一起，且口中說著：「併在一起是黑線。」

12. 讓孩子看到兩個等腰三角形併在一起是一個菱形，並將此兩個等腰三角形，各放在黃色正三角形的上面和六邊形的三邊對對看。

13. 最後將兩個灰色等腰三角形畫有黑線的那一邊放在一起，但不要邊靠邊。

14. 同樣的，用你慣用手的中指與食指，劃著一個三角形的黑線，口中說

「黑線」，再劃另一個三角形的黑線，口中說「黑線」，將兩個三角形的黑線部位併放在一起，且口中說著：「併在一起是黑線。」

15. 讓孩子看到兩個等腰三角形併在一起是一個平行四邊形，並將此兩個等腰三角形，放在紅色菱形上，可發現形狀是一樣的，再各放在黃色正三角形的上面和六邊形的三邊對對看，其三角形的大小都一樣。

第二階段

孩子熟悉這些三角形可組合成不同形狀時，便可利用這些三角形排列出各種不同的造型。

●●●● 注意事項

1. 這是一項較困難的工作，如果孩子無法照著黑線來配對，您可以讓他利用三角形來排列各式各樣的造型，例如：船、房子等，引發他對這項教具的興趣後，再來介紹黑線的配對。引導孩子了解兩個三角形的配對就能變出各種不同的形狀喔！

2. 此教具需使用耐用的材料來製作，如珍珠板、瓦楞紙或不織布等材料。

●●●● 延伸變化

這組合的過程雖然已經呈現在讀者面前，但是您可以和孩子一起摸索看看，用不同的方法來組合，是否可呈現不一樣的答案，或是和孩子腦力激盪，看誰變化出的圖案和別人不一樣喔！

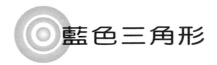

藍色三角形

●●●● 材料

1. 長 15 公分，寬 7.5 公分及高 13 公分的藍色直角三角形十二個。
2. 托盤一個。

●●●● 適用年齡

五歲以上。

●●●● 示範步驟

第一階段

1. 孩子可利用這些直角三角形排列成各種不同的形狀，例如：正三角形、等腰三角形、四邊形、平行四邊形、菱形和盾牌形。
2. 孩子可依照個人的想像排成各種造形。

第二階段

1. 請孩子坐在你慣用手的另一邊，將所有三角形都拿出來散放在桌上。
2. 先拿四個藍色直角三角形。
3. 將直角的那一角對在一起，排成如下圖所示的形狀。

4. 將圖形分成左右兩半，一手各壓兩個三角形，移動右手的兩個三角形，將上下的角對角接在一起，如下圖所示。

5. 將圖形分成上下兩半，一手各壓兩個三角形，移動下方的兩個三角形，將左右的角對角接在一起，如下圖所示，形成一個中間有一個空白的四邊形。

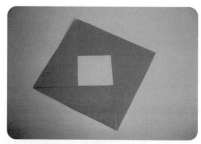

6. 接著，拿六個藍色直角三角形。

7. 將大的銳角的那一角對在一起，排成如下圖所示的形狀。

8. 將圖形分成左右兩半，一手各壓三個三角形，移動右手的三個三角形，
   將上下的角對角接在一起，如下圖所示。

9. 將圖形分成上下兩半，一手各壓三個三角形，移動下方的三個三角形，
   將左右的角對角接在一起，如下圖所示。

10.再將圖形分成上下兩半，一手各壓三個三角形，移動下方的三個三角
   形，將左右的角對角接在一起，如下圖所示，形成一個中間有一個空
   白的六邊形。

第三階段

1. 拿十二個藍色直角三角形。

2. 將小的銳角的那一角對在一起，排成如下圖所示的形狀。

3. 將圖形分成左右兩半，一手各壓六個三角形，移動右手的六個三角形，將上下的角對角接在一起，如下圖所示。

4. 將圖形再分成兩半，一手各壓六個三角形，移動右手的六個三角形，將左右的角對角接在一起，如下圖所示。

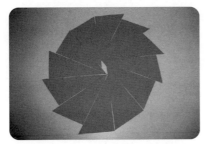

5. 同樣步驟再做四次將每一個角接起來，如圖㈠、㈡、㈢、㈣所示，最後形成一個中間有一個空白的十二邊形。

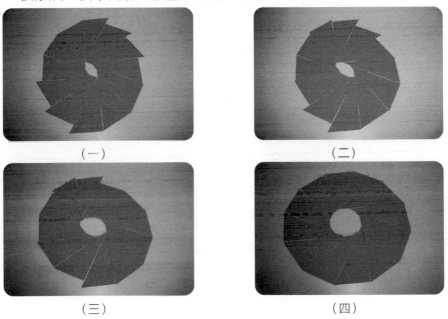

（一）　　　　　　　　　　　（二）

（三）　　　　　　　　　　　（四）

⬤⬤⬤⬤ 注意事項

1. 在形狀裡，這是一項是最困難的工作，大多數孩子要到六歲以上的年齡才能理解與自行操作。

2. 此教具需使用耐用的材料來製作，如珍珠板、瓦楞紙或不織布等材料。

○○○○ 延伸變化

　　這根據四個、六個及十二個藍色三角形所分解的過程,雖然已經呈現在讀者面前,但是您可以自己摸索看看,用不同的方法來分解,是否可呈現不一樣的答案,或是和孩子腦力激盪,看誰變化出的圖案和別人不一樣喔!

◎ 奇異的葉子

○○○○ 材料

🌀 第一階段

找像圓形、橢圓形、心形的葉子各一片。

🌀 第二階段

找像圓形、橢圓形、心形的葉子各兩片。

🌀 第三階段

大小不同的心形樹葉五片。

🌀 每一階段

托盤一個。

○○○○ 適用年齡

二歲半以上。

○○○○ 示範步驟

第一階段

1. 請孩子坐在你慣用手的另一邊或對面，手拿像圓形的樹葉，告訴他，「這是圓形樹葉」，說完放在孩子面前。

2. 再拿像橢圓形的樹葉，告訴他，「這是橢圓形樹葉」，說完放在孩子面前。

3. 最後拿心形樹葉，告訴他，「這是心形樹葉」，說完放在孩子面前。

4. 讓孩子看看各種葉子形狀的差異。

第二階段

1. 拿出另一組圓形、橢圓形、心形的葉子，因此便有兩組葉子。

2. 請孩子將形狀一樣的葉子配對放在一起。

第三階段

1. 拿出五片大小不同心形的樹葉，請孩子將這些樹葉依由大到小的順序來排列。

2. 完成後將樹葉放回容器中。

3. 孩子可以拿圓形及橢圓形的樹葉來操作。

4. 孩子可獨立操作第一到第三階段。

○○○○ 注意事項

1. 當孩子無法正確完成第二階段時，您可以只介紹兩種形狀的葉子，下次再找機會介紹其他的形狀。

2. 若您不知道樹葉的名稱，可以與孩子一同尋找植物的書籍，或上網搜尋資料來認識樹葉的名稱，或是和孩子一起依樹葉的外形來命名喔！

◎◎◎◎ 延伸變化

1. 您可以用同樣的方法繼續介紹其他的樹葉形狀，例如：三角形樹葉、倒心形樹葉、卵形樹葉、線形樹葉、針葉形樹葉、倒卵形樹葉、長橢圓形樹葉、匙形樹葉、腎形樹葉、劍形樹葉、戟形樹葉等。

2. 您也可以利用珍珠板、瓦楞紙或不織布等材料來製作各種葉子的形狀。

　　一歲的孩子，父母就可提供有形狀的拼圖或嵌圖板讓他玩耍，這簡單拿取的動作不僅幫助孩子的手眼協調，且能增進小肌肉的抓握能力、語文的視覺辨別能力，更是未來進入數學學習前的預備工作。在日常生活裡有著相當豐富的資源，除了介紹基本形狀外，可讓孩子探索生活中各種特別的形狀，在享受親子一同探索的樂趣之外，還可以和孩子共同為這不知名的形狀命名喔！

　　當孩子開始對周遭的物品說出：「這個是圓圓的喔！」表示孩子已經對物體形狀概念開始有一定的成熟度，而當您要確定孩子是否真正了解，建議您準備要介紹物體的概念時，可以將孩子日常生活中所了解的概念，加入更多的或不同的教具（例如：隨意可以看到的時鐘、三明治、球、蛋糕等等），讓孩子透過自己生活中熟悉的經驗，將概念更加的融會貫通。

　　同樣的道理，在進行指導操作教具的過程中，不用過多的言語，而是給予孩子身體力行的機會，運用自己的眼睛來觀察與模仿，其自發性的學習遠勝於您的提示。最後，要注意在介紹活動的時候，一定要把動作放慢，讓孩子確實看到您做的每一個動作，同時也要注意孩子的反應，據之以調整介紹與操作的速度。

觸覺

蒙特梭利

感官練習觸及了兒童的人格，它是一項兒童
可以持之以恆而且影響極為深遠的活動。

——蒙特梭利，《發現兒童》，*P.134*——

實物認識的感覺

　　兩歲的強強對網球特別有興趣，不論走到哪裡一定要拿著網球，媽媽對這個現象覺得很困擾，於是，她想利用其他的東西來吸引強強，希望能轉移他對網球的注意力。但是，媽媽這個方法並沒有成功耶！強強還是喜歡帶著網球到處走。這一天，媽媽突然心血來潮想與強強玩滾球的遊戲，因為看到強強這麼喜歡網球，又無法改變，心想或許強強也會喜歡其他的球類，於是找了各式各樣的球與強強玩滾球遊戲，希望藉此能讓他認識更多的球類。

　　其實，這段時間是強強的敏感期，他正發展著對球體的敏感性，是任何人都無法改變的事實。每一個孩子所敏感的事物、特性皆不同，只有身為家長的您最有機會觀察到，並利用孩子敏感的物品，經由雙手的觸摸，滿足其內在的需求，而達到心智的發展。

　　剛出生的嬰兒無法行走，只能躺在嬰兒床上，那他如何認識這個世界呢？沒錯，嬰兒就是用「手」和「腳」來探索，將其具體感受傳入中樞神經，並存入大腦的記憶中，這便是透過具體實物的操作，成為日後抽象概念的基礎，而掌握孩子每一階段不同的敏感期，讓您在發展孩子的智能上事半功倍。

◎神祕袋(一)

○○○○ 材料

第一階段

球體、橢圓體、卵形體、圓柱體、三角錐、正方體、長方體、四角錐、圓錐體、三角柱
等各一個。

第二階段

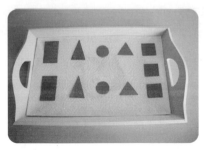

1. 長方形、等腰三角形、圓形、正三角形各兩個及三個正方形（其形狀要配合每個幾
   何立體組的面來製作其大小）。
2. 托盤一個。

每一階段

袋子一個。

◎◎◎◎ 適用年齡

三歲以上。

◎◎◎◎ 示範步驟

第一階段

1. 請孩子從袋子裡拿出幾何立體組，讓孩子去觸摸每一個實體的感覺。
2. 滾動或轉動每一個實體，看實體可以如何移動。
3. 並讓孩子用手去觸摸各實體的每一部位，是尖尖的、平平的還是圓滑的感覺。

第二階段

1. 請孩子從袋子裡拿出幾何立體組，請他利用實體每一邊去尋找相同形狀。
2. 例如，正方體是與正方形作配對，長方體則有一個正方形及一個長方形。
3. 圓柱體、圓錐體與圓形做配對，三角錐則有一個正三角形和等腰三角形。
4. 三角柱有一個長方形和一個正三角形做配對，四角錐則是一個正方形和一個等腰三角形。
5. 三個可滾動的球體、橢圓體、卵形體則無法找到形狀做配對。

◎◎◎◎ 注意事項

1. 一次從袋子裡拿一個實體，讓孩子對下一個物體產生興趣，不要全部拿出來，以免您在介紹第一個物體時，他的眼睛卻在看另一個物體。
2. 您可以利用珍珠板、瓦楞紙或不織布等材料來製作配對的形狀板。

◎◎◎◎ 延伸變化

1. 在家中各處尋找類似的立體形狀。
2. 與平面幾何圖形混合使用，找出有哪些相同的形狀。

◎ 神祕袋㈡

○○○○○ 材料

🌀 第一階段

蘋果、香蕉、奇異果、石榴各一個。

🌀 第二階段

蘋果、香蕉、奇異果、石榴各兩個。

🌀 每一階段

袋子一個。
眼罩一個。
托盤一個。

○○○○○ 適用年齡

二歲以上。

○○○○○ 示範步驟

第一階段

1. 請孩子戴上眼罩。
2. 將袋子裡的水果拿出來擺放在盤子裡，讓孩子去觸摸每一個水果的感

覺。

3. 問孩子水果是軟軟的，還是硬硬的？

4. 並讓孩子用手去觸摸各個水果的每一部位，是尖尖的、平平的、粗粗的還是滑滑的感覺。

5. 最後請孩子拿下眼罩，讓他看看水果可以如何移動。

6. 例如，蘋果、石榴及奇異果可以滾動，但是香蕉就很難轉動。

第二階段

1. 將所有物品放入袋中。

2. 請孩子戴上眼罩，再將手放入袋中，選取一個水果後，觸摸水果的各部位，說出水果的名稱後拿出來放著，再繼續尋找另一個相同的水果，找到後拿出來配對。

3. 同樣的方法將其他水果一一找出做配對。

4. 請孩子拿掉眼罩，檢查所做的配對是否正確。

○○○○ 注意事項

按照孩子的年齡大小，來決定內容物的數量，若孩子三歲，先放三樣相同的物品來測試他的能力，若孩子都可做正確的配對後，再增加內容物的數量。

○○○○ 延伸變化

1. 在袋中常常變換不同的物品，使孩子有探索的好奇心。

2. 做兩組內容物一樣的神祕袋，你和孩子各一袋，互相出題拿出相同的東西。

3. 利用孩子喜歡的物品放入袋中，更能增加他的興趣。

神祕袋(三)

○○○○ 材料

第一階段

扮家家酒的玩具，例如：盤子、椅子、床、櫃子、沙發、燈、娃娃各一個。

第二階段

扮家家酒的玩具，例如：盤子、椅子、床、櫃子、沙發、燈、娃娃各兩個。

每一階段

袋子一個。
眼罩一個。
托盤一個。

◉◉◉◉ 適用年齡

二歲以上。

◉◉◉◉ 示範步驟

第一階段

1. 先讓孩子去觸摸每一個物品的感覺。
2. 整個物品是軟軟的還是硬硬的，看物品可如何移動。
3. 並讓孩子用手去觸摸各物品的每一部位，是尖尖的、平平的還是圓滑的感覺。

第二階段

1. 將所有物品放入袋中。
2. 請孩子戴上眼罩，再將手放入袋中，選取一個物品後，觸摸物品的各部位，說出物品的名稱及觸摸的感覺，再將物品拿出，看看是否正確。
3. 同樣的方法將其他物品一一找出做配對。
4. 請孩子拿掉眼罩，檢查所做的配對是否正確。

◉◉◉◉ 延伸變化

利用水果模型或家中日常用品讓孩子來做辨認的遊戲。

◎ 神祕袋㈣

◎◎◎◎ 材料

1. 大小與材質不相同的球共五個。
2. 袋子、托盤、眼罩等各一個。

◎◎◎◎ 適用年齡

一歲半以上。

◎◎◎◎ 示範步驟

第一階段

1. 先讓孩子去觸摸每一個球的大小。
2. 並玩玩看球可如何移動，並讓他用手去觸摸球表面的感覺，是尖尖的、平平的、軟軟的、硬硬的、粗粗的還是圓滑的感覺。

第二階段

1. 將所有物品放入袋中。
2. 請孩子戴上眼罩，要求孩子按照球的大小拿出袋子裡的球，孩子將手放入袋中後，選取最大的球，確定後將球拿出，由大到小做順序的排

列。

3. 請孩子拿掉眼罩，檢查所排列的大小順序是否正確。

利用家中其他物品做由大到小、由長到短、由粗到細的排列遊戲。

◎ 神祕箱：摸一摸，不用怕

○○○○ 材料

1. 一個上方有洞的餅乾盒，用包裝紙包起來。
2. 家中容易辨認的東西，例如：球、汽車、積木、動物模型等各兩個。
3. 眼罩一個。

○○○○ 適用年齡

二歲半以上。

○○○○ 示範步驟

1. 示範者讓孩子帶上眼罩。
2. 請孩子將手放進神祕箱中，摸到東西後，將物品拿出來。
3. 請孩子再將手進入神祕箱中第二次，嘗試拿出與剛剛相同的物品。
4. 同樣的方法將神祕箱中所有的物品拿出來做配對。
5. 請孩子拿掉眼罩，檢查配對的物品是否正確。

◎◎◎◎ 注意事項

1. 箱子中的東西盡量準備靜態的物體，而不是動態的動物，以免孩子因手放入箱中接觸到動態的物體，因此產生畏懼不敢進行下一個活動。

2. 如果您找不到適合的餅乾盒，也可利用紙箱，在上面挖洞便是一個神祕箱了，但要注意上方的洞口不要太大，以免孩子看到內容物。

在孩子一歲半時，您便可到市面上購買有關形狀實物的教具，其中最常見的是一個容器的蓋子或容器的四周，有著各種形狀的洞口。您可讓孩子自己試著將各種形狀實物放入正確的洞口中，球體、正方體或橢圓體是較容易的，當孩子嘗試放長方體、三角柱或三角錐時，一定需要嘗試很多次，才可順利將物體放入罐中，因此當孩子經歷此過程時，在他心裡必是經歷多次的觀察，也在心中注入了深刻的印象，這樣反覆觀察與嘗試有助於日後對日常生活真實物體的認識。如果您不想花錢買，那當然沒問題，在生活周遭事物中，您一樣可以找到各種有關形狀的實物，甚至針對孩子的興趣來認識實物，會使孩子更專注於您準備的活動中，這也是一種教學策略喔！記得，只要仔細觀察，您的生活中總是充滿了驚奇，請善用家中各種物品吧！

再來，您必須將實體的各個特徵展現在孩子眼前，加以探索與操作，透過滾動實體、翻動實體和按壓實體等動作，鼓勵孩子去試探實體的差異，以便您進行活動的介紹。孩子經由最初的試探和操作，印象更為深刻，也增進他對於觸覺實體的探測，而增強其觸覺的敏銳度。當然對於所使用的教具必須要保持簡單與固定，確定孩子不是因為外觀的顏色、長短、高低或大小等特徵去記憶。

從觸覺的教具開始，您會發現多了眼罩這一個工具，此眼罩的功用是讓孩子避免利用眼睛的視覺對物體做判斷，改以透過皮膚或手的觸摸來感受物體的溫度、重量及外表的性質，這樣才能讓孩子達到有效運用其觸覺的能力，並能將此感官潛能發揮出來。

蒙特梭利

真正的智能教育應該是能夠同時提升感官與
手的功能，使它們得以更趨完美。

──蒙特梭利，《發現兒童》，$P.157$──

皮膚覺

　　佑佑三歲多時，對我穿的絲襪很感興趣，尤其穿短裙時，他更是抓著我的腿不放，上上下下很高興的摸著，有時被他摸了很不舒服，便告訴他：「你這樣摸我的腿，我覺得很不舒服耶！你可以去摸爸爸的腿啊！」但他卻回答我：「不要，爸爸的腿很粗，我才不要呢！我要抱媽媽的腿。」我再問：「那你為什麼喜歡抱我的腿？」他回答：「因妳的腿細細的啊！爸爸的腿有腿毛，好粗喔！我不要。」他的回答是如此的振振有辭，就這樣，我不知如何拒絕，只好偶爾讓他抱我的腿啦！因為這是一個生活化的學習機會，讓他體驗粗糙與細緻的感覺。

　　孩子喜歡用「手」和「腳」，來探索這個世界的每一件事物，這是無法剝奪的天賦，因為他需藉此動作去感受和累積人生的經驗，而成為知識。孩子也喜歡擁抱柔軟的填充物，因那不只是柔軟舒服的感覺，更是安全感的依靠。有時我們比較注重用「手」來觸摸物品的感受，而遺忘了「腳」也是一個很有感覺的器官喔！在安全範圍之下，不妨讓孩子赤著腳，直接接觸地面，感受地面、沙地和水，有什麼不同的感覺，這也是一個很好的生活教育。還有，試試看用手臂和手腕的部位去感受，更是一項不同且有趣的體驗喔！

◎ 觸覺板(一)

○○○○ 材料

🌀 第一階段

兩個不同粗細的砂紙貼在相同顏色的
紙板上。

🌀 第三階段

五種不同粗細的砂紙貼在珍珠板上。

🌀 第二階段*

兩組不同粗細的砂紙貼在兩種不同顏色
的紙板上。

🌀 每一階段

托盤一個。
眼罩一個。

●●●● 適用年齡

二歲半以上。

●●●● 示範步驟

第一階段

1. 示範者請孩子戴上眼罩。
2. 請孩子坐在你慣用手的另一邊或對面，手摸粗的砂紙板，告訴他，「這個是粗的」，讓孩子摸摸粗的感覺。
3. 再摸另一邊細的，告訴他，「這是細的」，讓孩子摸摸細的感覺。

第二階段

1. 拿出另一組粗細的砂紙板，因此便有兩組粗細的砂紙板。
2. 請孩子戴上眼罩。
3. 觸摸有粗細序列的砂紙板，讓孩子再次感受粗細不同的差異來做配對。

第三階段

1. 拿出有五種不同粗細的砂紙板。
2. 請孩子戴上眼罩。
3. 讓孩子觸摸且排列出由粗到細的序列。

●●●● 注意事項

此教具可貼在耐用的材料上，如珍珠板、瓦楞紙或不織布等。

●●●● 延伸變化

可增加多種粗細不同的砂紙，以提高挑戰性。

◎ 觸覺板㈡

○○○○ 材料*

1. 五種不同粗細的砂紙各兩個貼在兩種不同顏色的紙板上。
2. 托盤一個。
3. 眼罩一個。

○○○○ 適用年齡

三歲以上。

○○○○ 示範步驟

1. 示範者戴上眼罩。
2. 將所有的砂紙板排成兩排（由左而右、由上而下排列）。
3. 先拿上排（控制組）的一個砂紙板，用慣用手觸摸並感覺它的粗細。
4. 再拿下排（操作組）的一個砂紙板，用另一隻手觸摸並感覺粗細，雙手同時觸摸便可說出感覺是否粗細相同。
5. 如果粗細相同，便將兩個砂紙板配對放在一起；如果不同，再拿下排另一個砂紙板來比較粗細是否相同。

6. 用同樣的方法將所有的砂紙板做粗細相同的配對。

7. 當孩子看完你的示範後，請孩子按照你的方式操作一次。

●●●● 注意事項

此教具可貼在耐用的材料上，如珍珠板、瓦楞紙或不織布等。

●●●● 延伸變化

1. 變化不同的觸摸物，例如：不同材質的布（棉、紗、麻、尼龍、絲襪、絨布）、不同的紙（瓦楞紙、西卡紙、相片紙、厚紙板）、不同紋路的皮革等。

2. 將十個砂紙板隨意擺放，增加困難度，讓孩子找出相同的兩個砂紙板做配對。

◎千變萬化的紙

◯◯◯◯ 材料*

1. 兩組顏色不同的紙板上各貼有二張雲彩紙、皺紋紙、圖畫紙、報紙、包裝紙、玻璃紙、衛生紙。
2. 眼罩一個。
3. 托盤一個。

◯◯◯◯ 適用年齡

三歲半以上。

◯◯◯◯ 示範步驟

1. 將所有的紙板按顏色分類成兩排（由左而右、由上而下排列）。
2. 示範者戴上眼罩。
3. 先拿一個上排的紙板，用手觸摸並感覺它的質感。
4. 再拿一個下排的紙板，用另一隻手或同手觸摸並感覺它的質感，或雙手同時觸摸感覺是否質感相同。
5. 如果質感相同，便將兩個紙板配對放在一起；如果不同，將下排紙板放回，再拿下排的另一個紙板來比較其質感。

6. 用同樣的方法將所有的紙板做質感相同的配對。

7. 當孩子看完你的示範後，請孩子按照你的方式操作一次。

○○○○ 注意事項

1. 此項工作因材質的關係，孩子常需要直接的碰觸，因此要經常更換教具，以利孩子正確與順利的進行活動。

2. 此教具可貼在耐用的材料上，如珍珠板、瓦楞紙或不織布等。

○○○○ 延伸變化

將十個紙板隨意擺放，增加困難度，讓孩子找出相同的兩個紙板做配對。

◎ 好舒服喔！

○○○○ 材料*

1. 五種不同材質及不同顏色的布料各兩塊。
2. 托盤一個。
3. 眼罩一個。

○○○○ 適用年齡

三歲半以上。

○○○○ 示範步驟

1. 示範者戴上眼罩。

2. 將所有的布按顏色分類成兩排（由左而右、由上而下排列）。

3. 先拿一塊上排的布，用手觸摸並感覺它的質感。

4. 再拿一塊下排的布，用另一隻手或同手觸摸並感覺它的質感，或雙手
   同時觸摸感覺是否質感相同。

5. 如果質感相同，便將兩塊布配對放在一起；如果不同，將下排的布放
   回，再拿另一塊下排的布來比較其質感。

6. 用同樣的方法將所有的布料做質感相同的配對。

7. 當孩子看完你的示範後，請孩子按照你的方式操作一次。

◎◎◎◎ 延伸變化

1. 使用相同顏色但不同材質的布料，增加其困難度，讓孩子更能因觸覺的感受分辨其材質的不同。

2. 可增加多種不同纖維的布料，以提高挑戰性。

3. 學習布料的名稱，例如：棉、麻、紗、絲、羊毛、尼龍、絨布等，讓孩子閉上眼睛摸摸身上的衣服，猜猜看是什麼質料？

4. 將十種布料隨意擺放，增加困難度，讓孩子找出相同的兩個布料做配對。

手和腳同屬為感覺的器官，可以設計一些活動，讓孩子赤腳來感受各種材質，如草地、沙地和水，從生活中取材，教育他的皮膚感覺。家中柔軟的物品，如枕頭、衣物、玩偶等，也可成為極佳的教具。

為進行活動所挑選的教具，可以採用孩子平日所熟悉的物品或不曾碰觸過的材質用具，如菜瓜布和軟軟的棉花，兩種強烈對比，會使孩子的皮膚覺產生不同的感受，除了強化他不同的感受，更能刺激且增進他利用皮膚覺來探索物品的興趣。

當然您與孩子在進行活動時要特別注意，因為利用皮膚覺進行的活動，大部分都會將眼睛矇起來，或許孩子會產生陌生和恐懼的心理。因此，每一個階段，要保持語氣溫和及緩慢，並且適度的加入教具來延伸，才不會讓孩子尚未運用皮膚覺來進行活動，就已經把勇氣耗盡囉！

最後，從皮膚覺的教具開始，您會發現教具常要分成兩組，一組是控制組，另一組為操作組，其意義在於，控制組是擺放在桌上，取操作組的教具來與控制組做配對，找到一樣的便擺放在一起；反之，則取下一個操作組的教具再來配對一次，若沒配對成功就一直尋找到相同為止。因此，操作時都是取操作組來操作，而控制組則為控制答案是否對錯的教具；此外，操作組和控制組使用不同的顏色來分類。

蒙特梭利

感官教育唯有在一個包括了智力與動作的完整活動中才可能完成。

——蒙特梭利，《幼兒的心智 ── 吸收性心智》，P.222—

溫覺

　　八個月的翔翔已經爬得相當好了，因此媽媽特別將家裡危險的東西放在高處，以防翔翔放進嘴裡而發生危險，但還是會有不注意的時候。這一天，媽媽坐在客廳看書，而翔翔則在客廳裡爬來爬去玩得不亦樂乎，誰知翔翔的手突然往桌上一伸，媽媽警覺的喊了一聲「燙燙的，不能碰」，急忙將杯子拿走，並再次叮嚀翔翔：「這水是燙燙的，不可以碰喔！」

　　當孩子開始爬到廚房，而您又沒有用小活動門將廚房隔離時，孩子是很喜歡到廚房的，但是您又會擔心他到廚房是很危險的事情，於是您便一直提醒他「不能到廚房！」、「這火燙燙的！」、「這水熱熱的！」但無論您如何阻止，他還是想進來看一看。蒙特梭利曾說過：「我聽過，我便忘記了；我說過，我做了，我便記得了。」就是這道理，您要讓孩子親身體驗，他才能知道「什麼是熱」、「什麼是冰」、「什麼是冷」，因此對孩子而言有些知識是無法透過教導而獲得的。適當的方式是，當孩子好奇想摸一摸危險的物品時，您可以將物品接觸他的皮膚，然後告訴他：「這燙燙的！」，他便會將此時的感受與「燙」連結，而獲得一個概念「這就是燙，很不舒服」。相信以後他只要聽到您說「燙燙的」，他便不會再碰，除非您的水其實是「溫的」，他並不覺得不舒服，那麼，他便會再繼續嘗試。

　　每個孩子都是天生的科學家，滿腦子的好奇與探索，身為大人的我們，不能因為危險而阻止孩子想做的事，而是要藉機引導從中學習，如果不危及生命安全的問題，盡量不要打擊孩子探索的欲望，因為當孩子的欲望和好奇心被剝奪後，您想這還會造就出一位偉大的科學家嗎？

◎ 好冰喔！

○○○○ 材料

✦ 第一階段

裝有冷、溫、熱、冰水四種溫度的杯子
各一個。

✦ 第二階段*

兩組裝有冷、溫、熱、冰水的杯子。

✦ 第三階段

裝有冷、溫、熱、冰水四種溫度的杯子
各一個。

每一階段

托盤一個。
眼罩一個。

◉◉◉◉ 適用年齡

二歲半以上。

◉◉◉◉ 示範步驟

第一階段

1. 請孩子戴上眼罩。

2. 請孩子坐在你慣用手的另一邊或對面，拿裝有冷水的杯子，告訴他，「這個是冷的」，讓孩子摸冷的感覺。

3. 拿裝有溫水的杯子，告訴他，「這是溫的」，讓孩子摸溫的感覺。

4. 拿裝有熱水的杯子，告訴他，「這是熱的」，讓孩子摸熱的感覺。

5. 拿裝有冰水的杯子，告訴他，「這是冰的」，讓孩子摸冰的感覺。

第二階段

1. 拿出兩組四個不同溫度的杯子，將杯子按顏色分類成兩排（由左而右、由上而下排列）。

2. 請孩子戴上眼罩。

3. 拿起一個上排的杯子和一個下排的杯子，將兩個不同顏色的杯子放在兩手摸一摸。

4. 若摸起來的溫度相同，便將兩個溫度相同的杯子配對放在一起；若不相同，則將下排的杯子放回，再拿下排的另一個杯子試試看。

5. 依同樣的步驟，將其他三組不同溫度的杯子做配對。

第三階段

1. 請孩子戴上眼罩。

2. 請孩子將杯子按照水溫從熱、溫、冷、冰的順序來排列。

◎◎◎◎ 注意事項

1. 大人要先確定溫度是適當的，不要因過高的溫度而燙傷了孩子的皮膚。
2. 如果孩子無法一次辨認這麼多種溫度，介紹兩種到三種溫度即可。

◎◎◎◎ 延伸變化

利用兩組顏色相同的杯子做配對，增加其困難度。

◎ 我的溫牛奶在哪裡？

○○○○ 材料

❀ 第一階段

裝有冰、冷、溫三種不同溫度液體的杯子各一個（杯子底部與紙板有相同的圖示）。

❀ 第二階段*

1. 兩組裝有冰、冷、溫三種不同溫度液體的杯子各兩個。
2. 三個不同顏色的圈圈紙版（中間標示紅色的圖案——溫，標示藍色的圖案——冷，標示白色的圖案——冰）。

❀ 每一階段

手巾或衛生紙。
托盤一個。

○○○○ 適用年齡

三歲半以上。

○○○○ 示範步驟

第一階段

1. 請孩子坐在你慣用手的另一邊或對面，拿裝有冷牛奶的杯子，告訴他，「這個是冷的」，讓孩子喝一口冷牛奶，感覺一下。

2. 拿裝有溫牛奶的杯子，告訴他，「這是溫的」，讓孩子喝一口溫牛奶，感覺一下。

3. 拿裝有冰牛奶的杯子，告訴他，「這是冰的」，讓孩子喝一口冰牛奶，感覺一下。

4. 拿有三個不同顏色的圈圈紙版（中間標示紅色的圖案──溫；標示藍色的圖案──冷；標示白色的圖案──冰），介紹讓孩子認識。

第二階段

1. 將三個不同溫度的杯子隨意排列。

2. 拿起一杯牛奶，讓孩子嚐一口。

3. 請他告訴您這一杯是「冷」、「溫」還是「冰」的牛奶，並提示他照墊板的指示將杯子擺在正確溫度的位置。

4. 按此方法依序將另外兩杯牛奶各嚐一口，且與杯墊做好配對。

5. 最後檢查杯子的底部是否和墊子的顏色一樣。

○○○○ 注意事項

1. 杯子的牛奶不要裝太多，僅孩子二至三口份量。

2. 牛奶溫度的拿捏，請您先試過才可進行。

3. 請用預備好的手巾或是衛生紙幫孩子擦嘴巴吧！

○○○○ 延伸變化

　　利用兩組顏色相同的杯子做配對，增加其困難度。

◎ 洗溫泉囉！

●●●● 材料

✴ 第一階段

1. 裝有冷、溫、冰水三種不同溫度，但顏色相同的杯子各一個。
2. 托盤一個。

✴ 第二階段*

1. 兩組顏色不同且裝有冷、溫、冰水的杯子。
2. 水壺兩個（各裝置溫水與冷水）。
3. 抹布一條。
4. 托盤一個。

○○○○　適用年齡

三歲半以上。

○○○○　示範步驟

第一階段

1. 請孩子坐在你慣用手的另一邊或對面，拿裝有冷水的杯子，告訴他，「這個是冷的」，用毛巾沾冷水，壓擠在孩子手上，讓孩子感受冷的感覺。

2. 拿裝有溫水的杯子，告訴他，「這是溫的」，用毛巾沾溫水，壓擠在孩子手上，讓孩子感受溫的感覺。

3. 拿裝有冰水的杯子，告訴他，「這是冰的」，用毛巾沾冰水，壓擠在孩子手上，讓孩子感受冰的感覺。

第二階段

1. 拿出一組三種不同溫度但顏色相同（已裝有溫水、冰水與冷水）的杯子放在上排，下排為另一種相同的三個（由左而右、由上而下排列）空的杯子。

2. 請孩子拿裝有冰水的水壺，將冰水倒入下排第一個杯子中，用毛巾沾濕壓擠在手上，感受水溫。

3. 請孩子拿裝有溫水的水壺，將溫水倒入下排第二個杯子中，用毛巾沾濕壓擠在手上，感受水溫。

4. 將冰水倒入下排第三個杯子中，用毛巾沾濕壓擠在手上，感受水溫。再拿起裝有溫水的水壺，感受調節後的水溫。

5. 將兩組杯子放在前面，用毛巾沾濕壓擠在手上，若感受的溫度相同，便將兩個溫度相同的水杯配對在一起。

6. 依同樣的步驟，將其他二組不同溫度的水杯做配對。

●●●● 注意事項

1. 介紹倒入溫水與冷水的工作時，提醒孩子，水不要一下倒得太多。
2. 讓孩子慢慢感受到溫度的變化與過程，切勿督促他「快一點！」
3. 準備抹布讓孩子擦拭溢到桌上的水。
4. 第二階段為調節溫度的活動，讓孩子知道水溫是可調出來的，這是協助孩子學習自己放洗澡水的預備工作。
5. 這裡的溫水可以有些熱的感覺，以不傷害孩子的溫度為基準。
6. 這項活動您可以直接在浴室進行喔！那會更有趣。
7. 適時的告訴孩子什麼樣的溫度是適合洗澡的溫度，還可讓孩子體驗當水冷卻一陣子後，溫度會有什麼變化。

●●●● 延伸變化

1. 請孩子用飲水機的冷水和熱水瓶裡的熱水調出一杯溫水，或請孩子利用冰塊與溫水調出一杯冷水給你喝。
2. 利用有客人來家中拜訪的機會，讓孩子學習倒各種溫度的水給客人喝。
3. 利用兩組顏色相同的杯子做配對，增加其困難度。

　　當孩子開始好奇的用手去觸摸各種物品時，此刻的您會最擔心就是孩子觸摸到會燙到手的熱湯、熱茶或熱水等液體，其實這些都是很好的機會教育，您可以將各種冷熱溫度的物品接觸他的手背，提示孩子：「冰的！」「燙的！」，孩子會將所感受到的「冰」與「燙」，與腦中記憶連結，而得到概念。也就是說，在介紹活動時，孩子會很自然的連接其舊有的經驗。

　　因此，您在引導示範時，需要先做溫度的測試，例如放置熱水在器具中，必須自己先做測試，以便感受是否會傷害到孩子，才不會造成孩子因過於震驚，導致不敢再碰觸，過冰的感覺也會讓孩子覺得不舒服，到後來孩子繼續嘗試的意願便不高了。再來，洗澡時也是一個恰當時刻，引導孩子辨認冷與熱的概念。

　　而裝置液體的器具，必須以用手就可測量出溫度為宜，而且也必須可以站立得穩，或是有封口可以封住的瓶蓋裝置，這樣在進行溫覺活動中，便不會有打翻液體的情形產生，使活動進行更順利（假如您使用無蓋或無法封口的器具時，您的預防措施便是先準備好一條抹布）。

　　在進行溫覺活動時，需要藉機引導孩子從中學習，盡量不要用太高亢的語調來說「很燙喔！」或是「很冰喔！」過度強調感覺會使孩子探索的欲望受到打擊，而您將需要更多時間對孩子做好心理安撫後，才能完成第一和第二階段的活動。因此除了技術的引導外，更要於進行此活動時，將所有的前置工作準備齊全。鼓勵孩子用身體感受，這樣才能幫助孩子從內在培養出對溫度敏銳的感覺。

蒙 特 梭 利

蒙特梭利的教具就是提供兒童探索世界的一
把鑰匙，使他有眼光，比自己在暗中摸索或
是在沒人指導的情況下，能看得更多、更仔
細、更明白。

——蒙特梭利，《幼兒的心智——吸收性心智》，*P.223*——

重量覺

　　三歲的皓皓看見媽媽在廚房裡準備晚餐，皓皓也去湊熱鬧，想找點事做，媽媽見他在廚房裡礙手礙腳的，想打發他離開，但心裡又想著「讓他做點事也好」，於是請皓皓幫忙擦桌子。擦完後，皓皓又嚷著要幫忙，媽媽想了想，就請皓皓協助排碗筷，媽媽先拿筷子給他，再拿碗，這時皓皓便對媽媽說：「這碗好重喔！」媽媽就說：「對呀！碗比筷子還要重，所以要小心一點喔！」

　　這一天，爸媽帶著皓皓去大賣場買東西，一家人買了一星期的食物與日用品，當爸媽提著東西要上樓時，皓皓又嚷嚷著：「我也要拿東西。」於是媽媽選了比較輕的袋子給皓皓，皓皓提著袋子一路上三樓，媽媽頻頻問他「會不會太重呀」，剛開始皓皓並不覺得重，當快爬到三樓時，皓皓便對媽媽說：「媽媽好重喔！妳幫我拿。」

　　在日常生活中，有許多機會讓孩子學習輕和重的觀念，但此觀念需要親身體驗無法口授而習得，當你拿一樣物品告訴孩子「這東西很重喔！」孩子會以為每一個與這相同的物品都是重的，但是我們都了解，一整箱的橘子，每一顆的重量都是不一樣的。因此重量覺的學習，是需要孩子親自用手來觸摸與測量的，當孩子擁有許多測量物品的實際經驗，日後他便能運用目測的能力來辨別物品的重量了。

◎ 試一試，便知道

◯◯◯◯ 材料

第一階段

兩個顏色相同但重量不同的沙（米）包各一個。

第二階段*

1. 兩組顏色不同且裝有不同重量的沙（米）包各五個。（此為配對活動，請注意相對的沙包重量需相同。）
2. 眼罩一個。
3. 袋子兩個（放置兩組不同顏色的沙包）。

🌀 第三階段

1. 顏色相同但重量不同的沙（米）包五個。
2. 眼罩一個。

🌀 每一階段

托盤一個。

⚫⚫⚫⚫ 適用年齡

二歲半以上。

⚫⚫⚫⚫ 示範步驟

第一階段

1. 請孩子坐在你慣用手的另一邊或對面，手拿最重的沙包，告訴他，「這個是重的」，將沙包拿給孩子，讓他感受重的感覺。
2. 再拿另一個沙包，告訴他，「這個是輕的」將沙包拿給孩子，讓他感受輕的感覺。

第二階段

1. 拿出兩組不同重量的沙包各五個，將沙包依顏色分類，排成兩排。
2. 請孩子戴上眼罩。
3. 拿起一個上排的沙包和一個下排的沙包，將兩個不同顏色的沙包放在

　　　兩手心上秤一秤，若秤起來感覺重量相同，便將兩個重量相同的沙包配對在一起；若不同，則將下排沙包放回，再拿下排的另一個沙包試試看。

4. 依同樣的步驟，將其他四組不同重量的沙包做配對。

第三階段

1. 請孩子將五個同樣式的沙包拿出來。

2. 按照最重到最輕的順序排成一列。

◎◎◎◎　延伸變化

1. 可將袋中的沙或米換成綠豆、紅豆或其他豆類來做秤重的工作。

2. 利用兩組顏色相同的沙包做配對，增加其困難度。

◎ 秤一秤，就清楚

○○○○ 材料

 第一階段

顏色相同的袋子四個，一個裝有一個沙包，另一個裝有十個沙包，另兩個各裝有四個沙包。

 第二階段*

1. 重量相同的沙包一百一十個。兩種不同顏色的不透光小布袋各十個。
2. 將沙包分別裝在二十個小布袋中，第一袋裝一個沙包，第二袋裝兩個沙包，第三袋裝三個沙包，第四袋裝四個沙包，以此類推，到第十袋裝十個沙包。依同樣的方法再裝另一個樣式的十個小布袋。

第三階段

十個顏色相同但重<u>量</u>不同的小布袋。

每一階段

眼罩一個。

○○○○ 適用年齡

三歲半以上。

○○○○ 示範步驟

第一階段

1. 請孩子坐在你慣用手的另一邊或對面，手拿裡面裝有十個沙包的小布袋，告訴他，「這個是重的」，讓孩子拿拿看，體會重的感覺，然後告訴他十個沙包在裡頭。

2. 拿裡面裝有一個沙包的小布袋，告訴他，「這個是輕的」，讓孩子拿拿看體會輕的感覺，然後告訴他一個沙包在裡頭。

3. 拿出裝有四個沙包的小布袋，再拿另一個樣式裝有四個沙包的小布袋，讓孩子用兩手秤一秤，告訴他：「這兩個一樣重。」

第二階段

1. 將兩種不同樣式的沙包，按樣式分成兩排（由左而右、由上而下排

列）。

2. 請孩子拿上排的第一個布袋，用手秤一秤。再拿下排的第一個布袋，用手秤一秤，看看是否重量相同？相同則擺放一起，不同者則依序拿下排的沙包來比一比重量。

3. 依同樣的步驟，比較第二個到第十個布袋，然後停止。

4. 讓孩子開始把配對好的十個小布袋，一一打開，兩兩相比較，上排和下排小布袋內的沙包數目是否一樣，若不一樣再進行修正。

第三階段

1. 請孩子將十個同樣式的小布袋拿出來。

2. 按照最重到最輕的順序排成一列。

○○○○ 注意事項

1. 告訴孩子小布袋的重量相同，裡頭裝的沙包數量也相同。

2. 讓孩子自己倒出沙包，數一數（視孩子的發展狀況決定沙包數目，年齡若較小，沙包數量一到五個即可）。

3. 沒有沙包也可以利用小球（或是黏土切成一樣大小的塊狀），但是力求形狀外觀和重量一樣。

4. 利用兩組顏色相同的小布袋來配對，增加其困難度。

◉量一量，會變化

○○○○ 材料

第一階段

（將布丁杯裝水倒在以下四個瓶子裡，分別是一瓶十杯水和一杯水及兩瓶五杯水。）

1. 倒有十杯水的瓶子一個（瓶子用色紙貼住，孩子避免視覺看出水的高低而判斷其重量）。
2. 倒有一杯水的瓶子一個。
3. 倒有五杯水的瓶子兩個。

第二階段*

1. 抹布一條。
2. 兩種顏色不同的瓶子各十個。（將布丁杯裝水，倒一杯水在第一個瓶子內，倒兩杯水在第二個瓶子內，倒三杯水在第三個瓶子內，以此類推，將顏色相同的十個瓶子裝好水，另一組顏色不同的十個瓶子也依同樣方法完成。）
3. 長條色紙條十張。（貼在同組的十個瓶子上，另一組十個瓶子不必貼上色紙。）

🌀 第三階段

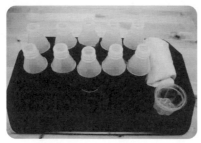

1. 十個裝有從一杯水到十杯水的瓶子（瓶子上貼原相同顏色的色紙）。
2. 抹布一條。

🌀 每一階段

布丁杯一個。
托盤一個。

⬤⬤⬤⬤ 適用年齡

三歲半以上。

⬤⬤⬤⬤ 示範步驟

第一階段

1. 請孩子坐在你慣用手的另一邊或對面，手拿倒有十杯水的瓶子告訴他，「這個是重的」，讓孩子拿拿看，體會重的感覺，然後告訴他這裡頭倒了十個布丁杯的水。

2. 再拿倒了一個布丁杯的水的瓶子，告訴他，「這個是輕的」，也讓孩子拿拿看，體會輕的感覺，然後告訴他這裡頭倒了一個布丁杯的水。

3. 最後，拿倒了五個布丁杯水的瓶子，與另一個也倒了五個布丁杯水的瓶子，告訴他，「這兩個一樣重」，也讓孩子體會相同重量的感覺，然後告訴他兩個水瓶裡頭都倒了五個布丁杯的水。

第二階段

1. 將兩種不同顏色的瓶子，按照顏色分成 A、B 兩組（由左而右、由上而下排列）。

2. 請把A組已經裝水的十個瓶子，按照水位的高度在瓶身貼上長條色紙條。

3. 讓孩子從A組拿起第一個（裝一個布丁杯的水）瓶子，在手上秤一秤後，將B組沒有裝水的瓶子倒一個布丁杯的水進去，接著拿起這兩個瓶子，比較是否一樣重？

4. 孩子如果覺得一樣重，就停止倒水，並把A組瓶子上的紙條拿下，與B組瓶子中的水位比比看，是否高度一樣；若不一樣，則進行補充水量的工作，達到一樣後，將兩個瓶子並排在一起。

5. 依同樣的步驟，進行第二個瓶子到第十個瓶子。

第三階段

1. 請孩子將十個同樣顏色的瓶子拿出來排成一排（由左而右）。

2. 按照最重到最輕的序列排成一列。

○○○○ 注意事項

1. 告訴孩子瓶子中的水位一樣時，表示重量是相同的。

2. 讓孩子自己倒水且數數（視孩子的發展狀況，來決定布丁杯倒水的次數）。

○○○○ 延伸變化

利用兩組顏色相同的瓶子做配對，增加其困難度。

給父母的話
For Father & Mother

　　為奠定孩子學會利用身體的感覺，延伸為更敏銳的基礎，在準備培養幼兒對物體的感覺、重量的特質以及對重量的表達，家中的物品其實是最好的工具，較適合幼兒的部分就是水果了，利用食用時，將完整的水果，讓孩子親自拿取，是為了讓孩子可以體會輕重的感覺。分辨這些物體的重量，不是理論的教導，更重要的是經驗的累積。為建構對於重量覺的基礎，幫助孩子發展清楚重量特性的能力，因此，讓孩子利用身體搬動物體的機會（例如：幫媽媽提袋子，搬動棉被、睡袋等），當他開始對重量有探索的欲望時，建議您此刻讓他從小肌肉（手）開始去延伸對重量的感覺。

　　您在介紹活動時，需視孩子的發展程度，先把重量分明的物品拿給孩子，分別比較，當然一樣要像前面所介紹的，保持教具的單一性，物品的大小也會影響孩子對於重量的誤判，所以，建議您先將所找到物品的外觀，盡量保持相似的大小及形狀，讓孩子只需要專注您給予的引導指令——「重的」、「輕的」，去體會重量的不同，使自己的身體感覺更為靈敏。到了下一個階段，孩子就更能慢慢發覺重量中的差異，而您也就可以延伸到第三階段重量的序列設計了。

聽覺

聽覺

蒙特梭利

兒童不斷的反覆地操作，他的眼睛的識別能
力自然就愈佳，觀察力就愈敏銳，他也愈能
夠專注於有系統的操作活動；這些能力則刺
激推理能力去注意錯誤、校正錯誤。

——蒙特梭利，《發現兒童》，*P.134*——

聽覺

　　相信每個媽媽都會在懷孕時期做好胎教，讓肚中的胎兒聆聽美妙與輕柔的音樂，從胎兒時期嬰兒便開始聽覺能力的學習與吸收，當出生後，這環境中一切的聲音對孩子而言更是新鮮而又有趣，從辨別各種大人的聲音到能認出媽媽的聲音，進而對母親的聲音產生依賴與信任，這都是幼兒聽覺發展的過程之一。記得筆者當年出國唸書時，我的兒子佑佑留在台灣，那時他才三個月大，出國前我錄了六卷唸故事的錄音帶，交代保母和老公要放給兒子聽，讓他也能熟悉我的聲音，而不覺得陌生，因為對幼兒而言，由母親口中讀出的故事比聽別人錄的故事，更親切美好而且具有安全感。日後，兒子睡覺前我一定會說故事給他聽，甚至到現在他已經六歲了，說故事就像我們兩人的私房時間，如今在說故事之後，則增加聊天時間，談談今天在學校的情形及他覺得今天做得最棒的一件事。

　　當嬰兒出生後，在嬰兒床上，音樂玩具是絕對不會缺少的道具，一個小小的、可拉式的音樂鈴陪伴著孩子進入夢鄉。當孩子發現您掛在嬰兒床上的東西可發出聲音時，他會使盡全力用手、用腳去碰觸而使之發出聲音；當您發現孩子聽到聲音會尋找時，您便與他玩找聲音的遊戲，拍著手或拿著可發出聲音的物品，說著：「涵涵，在這裡。」「涵涵，在那裡。」來吸引他的注意；當涵涵可坐且可爬時，他像個科學家一樣，到處探索及尋找物品來敲敲打打，這一切的發現與學習，都會讓涵涵的聽覺更加敏銳且認識更多來自環境不同的聲音。

　　隨著年齡的增長，聽覺的學習更需要大人的設計與協助，不只是語言的接收與辨別，更要聆聽美好的音樂以促進心靈的成長與穩定，這些都是未來學習各種樂器及各門學科知識的預備工作。當孩子能從「聽」當中學會辨別或了解別人的意思，建立其自信心，成就一切不可能的任務時，您就可明白聽覺的學習是一個多麼重要的能力，不能因為這能力是每個人都有的，而忽視它，不加以培養與學習。帶領孩子進入聽覺的聖殿，享受美好的樂章，是大人刻不容緩的責任喔！

◎辨別聲音的大小

○○○○ 材料

第一階段

1. 一瓶裝有最多豆子、米或沙子的瓶子。
2. 一瓶裝有最少豆子、米或沙子的瓶子。
3. 一瓶沒有裝豆子、米或沙子的空瓶子。
　（使用不透明的瓶子，或在透明的瓶子外貼上彩色膠帶。）

第二階段*

兩組顏色不同且裝有豆子、米或沙子能產生五種不同程度聲音的瓶子。
（此為配對活動，請注意相對應的瓶子內，其物品重量必須相同。）

一組裝有豆子、米或沙子能產生五種不同程度聲音的瓶子五個。

每一階段

托盤一個。

●●●● 適用年齡

二歲半以上。

●●●● 示範步驟

第一階段

1. 請孩子坐在你慣用手的另一邊或對面，拿裝有很多豆子的瓶子，搖一搖並告訴他：「這個是大聲。」
2. 拿裝少一點豆子的瓶子，搖一搖並告訴他：「這是小聲。」
3. 拿沒有裝任何東西的空瓶子，搖一搖並告訴他：「這沒有聲音。」

第二階段

1. 拿出兩組有五種不同大小聲音的瓶子，按照顏色分類，排成兩排（由左而右、由上而下排列）。
2. 拿起一個上排的瓶子後，放在耳朵邊，搖一搖並聽聽它的聲音。
3. 再拿起一個下排的瓶子，放在另一邊耳朵搖一搖，聽聽看並與第一個

瓶子的聲音做比較。

4. 若兩個瓶子的聲音相同，便將兩個瓶子配對放在一起；如果不同，將下排的瓶子放回，再拿下排的另一個瓶子做比較。

5. 依同樣的步驟，將其他四組不同的瓶子做配對。

第三階段

1. 拿出一組有五個不同程度且顏色相同的瓶子，由左而右排列。

2. 按照聲音的強弱（由大而小）的順序來排列。

○○○○ 延伸變化

1. 可增加多種不同聲音的瓶子，以提高挑戰性。

2. 使用兩組相同顏色的瓶子做配對，增加其困難度。

蒙特梭利

視覺一旦安定，即可與聽覺、味覺及嗅覺為基礎的知覺結合，共同建立以視覺為中心的認識。

——市丸成人、松本靜子，《蒙台梭利教育的比較研究與實踐》，

P.170—

是噪音？還是樂音？

◎◎◎◎ 材料

第一階段

1. 餅乾盒一個。
2. 裝有不同高度的水的瓶子五個。

第二階段*

兩組顏色不同且裝有不同高度的水的瓶子各五個，能敲出高低不同的音階。

🔅 第三階段

一組裝有不同高度的水的瓶子共五個，能敲出高低不同的音階。

🔅 每一階段

棒子一根。

◉◉◉◉ 適用年齡

二歲半以上。

◉◉◉◉ 示範步驟

第一階段

1. 請孩子坐在你慣用手的另一邊或對面，用棒子敲打著餅乾盒並告訴他：「這個是噪音。」

2. 由左而右按照音階的高低用棒子輕敲瓶子的聲音，告訴孩子：「這個是樂音。」

3. 讓孩子說出對噪音與樂音不同的感受。

第二階段

1. 拿出兩組可敲出五種不同音階的瓶子，按照顏色分類，排成兩排（由左而右、由上而下排列）。

2. 示範者敲打上排的一個瓶子，請孩子一一敲打下排的瓶子，並尋找與

示範者相同音階的瓶子，若找到相同音階的瓶子，將兩瓶子配對放在一起。

3. 用同樣的方法，將其他四組做配對。

第三階段

1. 拿出一組顏色相同的五個瓶子物品，由左而右排列。

2. 按照音階的高低來排列。

○○○○ 注意事項

1. 在材料的選擇上請使用玻璃物品，這樣才能敲打出不同的音階來。

2. 也可找兩種顏色的不同的玻璃杯來做配對。

○○○○ 延伸變化

1. 也可使用其他能產生強烈聲音的物品來代表樂音或噪音。

2. 可將玻璃杯內裝入相同顏色的水，增加其困難度。

蒙特梭利

真正的知識是腳踏實地透過自己的感覺來獲得，而不是從他人的知識中得來。

——盧梭，取自《蒙台梭利教育的比較研究與實踐》，

P.166—

◉ 好好聽的聲音

●●●● 材料

❀ 第一階段

1. 音磚（或其他分開式音階的樂器）從中音 Do 到高音 Do 各一個。
2. 棒子兩根。

❀ 第二階段

1. 音磚（或其他分開式音階的樂器）從中音 Do 到高音 Do 各兩個。
2. 棒子兩根。

●●●● 適用年齡

四歲以上。

●●●● 示範步驟

第一階段

1. 請孩子坐在你慣用手的另一邊或對面，從音磚中的 Do 音開始敲打，並唸出音階的名稱。
2. 請孩子也和你一起敲打同一個音階。
3. 讓孩子感受每一個不同音階的聲音。

第二階段

1. 拿出兩組音磚分成兩排（由左而右、由上而下排列）。
2. 示範者敲打上排的音磚，請孩子敲打下排，並尋找與示範者相同音階的音磚，若找到相同音階的音磚，將兩個音磚配對放在一起。
3. 用同樣的方法，將其他六組做配對。

●●●● 注意事項

1. 音階的介紹最好是使用分開的音階樂器，因為孩子在敲打時才會準確無誤，一般市面上的樂器，大部分是像鋼琴或鐵琴連結在一起的音階樂器，如能找到音磚或手鐘為分開式的音階，才是適用於學齡前階段孩子學習音階的樂器。
2. 也可使用兩種不同的樂器做音階的配對與認識。

●●●● 延伸變化

1. 如果孩子對分開式的音階樂器能操作得很好，便可使用連結在一起的樂器做音階的練習，如鐵琴、小鋼琴等。
2. 利用兩組顏色相同的音磚做配對，增加其困難度。

For Father & Mother
給父母的話

　　孩子的聽覺發展在母親的腹中便完成雛形了，在出生幾個月後，對聲音非常的敏感，聽到人的說話聲就會揮動手腳或轉頭尋找。再大一點後，對於會發出聲響的玩具，更是感興趣，他會用手、腳碰觸或用嘴巴來咬，嘗試讓它發出聲音。聲音感知力是從小就有的內在學習動力，這些形成期的學習有幾個特點，就是未成熟、易受傷，一旦內化後便很難改變。所以要如何幫助孩子發展這個部分呢？首先是發覺孩子的個別性，尤其是孩子過去的經驗，而聲音的敏感度也間接的影響到他的情緒。

　　聽覺訓練概念的形成，來自於孩子對世界的探索。重要的是，您在替孩子選擇一些聽覺活動，學習體會聲音的強弱與節奏，分辨噪音與好聽的聲音概念時，建議您在家裡定期的與每個孩子有個別時間，完全的注意他。在過程中安排孩子學的是輕柔與聲音強弱的感受，並且在每段引導時間裡，讓孩子學會辨別好聽的聲音。同時，您也可以自己錄製一些生活中各式各樣的聲音（例如：煮飯、吹頭髮、沖水等），讓孩子注意到生活裡充滿了奇妙多樣的聲響。

　　在介紹活動時，也要注意您與孩子所在的環境要保持安靜，沒有人干擾，使孩子在活動進行當中是專心的，不會有任何聲響打斷孩子的聽覺注意力，讓他的聽覺發揮最大的功用；同時，您的指示語也要保持清楚，讓孩子在與您進行每個階段時更流暢。聽覺教具發展孩子聽覺的敏感度，對將來進一步學習音樂，做了最佳的預備。

　　感官教育中的視覺教具除了加強視覺辨別能力之外，也讓孩子學習到數的概念，為數學教育做預備。觸覺教具用雙手去觸摸，感覺變得更為敏銳，同時為語文書寫做間接的準備。而聽覺教育，則為孩子奠定接收語言的基礎，因此感官教育提供孩子一把探索世界的鑰匙，是學習認知的開始，透過蒐集感官所

For Father & Mother
給父母的話

得到的訊息，從事知性的活動，以幫助孩子智能的發展。這樣一個充分、多樣化及有次序的感官生活學習，是為孩子未來更高層次的知識生活做好準備。

味覺

味覺

蒙 特 梭 利

知識如果缺乏練習就沒有實用的價值，而這
些練習往往就屬於感覺教育。

——蒙特梭利，《蒙台梭利教學法》，*P.*186——

味覺

　　一個正在哭鬧的嬰兒，當您確定他不是因尿布濕而哭泣時，您便用舊經驗來思考：「他剛剛已經喝過牛奶了，現在應該是想喝水吧！」於是您準備水給他喝，結果這嬰兒不領情的將奶瓶口挪開，於是您了解到他並不想喝水，接著您就泡了牛奶讓他喝。當嬰兒愉悅的吸吮著裝有牛奶的瓶子，您一定訝異著這個小人兒竟可分辨水和牛奶的不同，因為這個感官能力早在母體內就已發育完成，現在只不過因時常練習而更充分發揮其分辨的功能而已！因此，嬰兒自離開母體的那一刻起，便充分運用他的感官去建立對這周遭環境的印象，並探索這個奇妙的世界。首先，觸覺、味覺、嗅覺是孩子最先使用的，隨著年齡、動作的發展，視覺、聽覺、壓覺和實體感覺也慢慢的發揮其功能，讓孩子更直接的與環境做連結。

　　感官是孩子與環境接觸的橋樑，心智藉由感官所吸收的經驗而發展得更加熟練，而透過感官所接收到的訊息，與實際生活做連結，豐富其感官的經驗，培養出孩子分辨和欣賞的能力。

　　當孩子在探索環境時，給予清晰的概念，對抽象事物做更有目的的探索，也幫助孩子在腦中建立秩序，如此一來孩子會重覆的操作與使用，且不斷的學習。所以蒙氏的日常生活教育是為感官教育奠定其基礎，藉由感官教具的操作，讓孩子更直接的接觸，以達到精確的程度，而感官教育更是奠定數學與語文教育的基礎，這緊密相連的關係是無法切割而分開學習的。

◎嚐一嚐，是什麼味道？

◎◎◎◎ 材料

🌀 第一階段

裝有酸、甜、苦、鹹四種不同味道的杯子四個。

🌀 第二階段

兩組顏色不同且裝有酸、甜、苦、鹹味的杯子各四個。

🌀 每一階段

一杯水。
湯匙一根。
托盤一個。

◎◎◎◎ 適用年齡

二歲半以上。

◎◎◎◎ 示範步驟

第一階段

1. 請孩子坐在你慣用手的另一邊或對面，拿裝著檸檬水的杯子，用湯匙

舀一匙來喝並告訴他,「這個是酸的」,也讓孩子喝一口,感覺酸的味道。

2. 喝一口水,漱漱口後拿裝著糖水的杯子,用湯匙舀一匙來喝並告訴他,「這個是甜的」,也讓孩子喝一口,感覺甜的味道。

3. 喝一口水,漱漱口後拿裝著苦瓜湯的杯子,用湯匙舀一匙來喝並告訴他,「這個是苦的」,也讓孩子喝一口,感覺苦的味道。

4. 喝一口水,漱漱口後拿裝著鹽巴水的杯子,用湯匙舀一匙來喝並告訴他,「這個是鹹的」,也讓孩子喝一口,感覺鹹的味道。

第二階段

1. 拿出兩組有四種不同味道的杯子,按照杯子的顏色分類,排成兩排(由左而右、由上而下排列)。

2. 拿起一個上排的杯子後,舀一匙來喝,感覺它的味道後,喝一口水漱漱口。

3. 再拿起一個下排的杯子,舀一匙來喝,感覺它的味道後,並與第一個杯子的味道做比較。

4. 若兩個杯子的味道相同,便將兩個杯子配對放在一起;如果不同,將下排的杯子放回,再拿下排的另一個杯子做比較。

5. 依同樣的步驟,將其他三組不同的杯子做配對。

◎◎◎◎ 延伸變化

1. 使用水果或其他食物來代替甜、酸、鹹、苦的味道。

2. 利用兩組顏色相同的杯子做配對,增加其困難度。

◎ 吃一吃，是什麼東西？

○○○○ 材料

第一階段

各裝有香蕉、蘋果、葡萄柚、檸檬和番石榴等水果片的杯子五個。

第二階段*

兩組顏色不同且裝有香蕉、蘋果、葡萄柚、檸檬和番石榴等水果片的杯子各五個。

每一階段

一杯水。
叉子一根。
眼罩一個。
托盤一個。

⚬⚬⚬⚬ 適用年齡

三歲以上。

⚬⚬⚬⚬ 示範步驟

第一階段

1. 請孩子戴上眼罩。

2. 請孩子坐在你慣用手的另一邊或對面，拿裝著香蕉的杯子，用叉子拿一片來吃並告訴他，「這個是香蕉的味道」，也讓孩子吃一口，感覺香蕉的味道。

3. 喝一口水，漱漱口後拿裝著蘋果的杯子，用叉子拿一片來吃並告訴他，「這個是蘋果的味道」，也讓孩子吃一口，感覺蘋果的味道。

4. 喝一口水，漱漱口後拿裝著檸檬的杯子，用叉子拿一片來吃並告訴他，「這個是檸檬的味道」，也讓孩子吃一口，感覺檸檬的味道。

5. 喝一口水，漱漱口後拿裝著葡萄柚的杯子，用叉子拿一片來吃並告訴他，「這個是葡萄柚的味道」，也讓孩子吃一口，感覺葡萄柚的味道。

6. 喝一口水，漱漱口後拿裝著番石榴的杯子，用叉子拿一片來吃並告訴他，「這個是番石榴的味道」，也讓孩子吃一口，感覺番石榴的味道。

第二階段

1. 拿出兩組有五種不同水果的杯子，按照杯子的顏色分類，排成兩排（由左而右、由上而下排列）。

2. 請孩子戴上眼罩。

3. 拿起一個上排的杯子，用叉子吃一口杯內的水果，感覺它的味道後，再喝一口水漱漱口。

4. 再拿起一個下排的杯子，用叉子吃一口杯內的水果，感覺它的味道後，並與第一個杯子的味道做比較。

5. 若兩個杯子的水果味道相同，便將兩個杯子配對放在一起；如果不同，將第二排的杯子放回，再拿第二排的另一個杯子做比較。

6. 同樣的步驟將其他四組不同水果的杯子做配對。

◎◎◎◎ 延伸變化

1. 介紹其他不同口味的水果。

2. 利用兩組顏色相同的杯子做配對，增加其困難度。

　　早期的研究發現，嬰兒的味覺是可以辨別鹹、甜、酸的味道，同時也發現嬰兒對於甜的溶液會感到愉快，對於鹹酸的味道則一副怪模樣，或是一副痛苦的樣子。希臘哲人亞里斯多德曾說：「人在累積知識的過程中，就是依照感官為基礎，也就是觸覺、視覺、聽覺、味覺和嗅覺五覺所累積不同的經驗，而最後內化，孩子才學習到知識。」所以感官的學習是透過刺激→感官接收→經驗累積→內化成知識。

　　再者，台灣的飲食精緻且味道偏重，使得孩子在不自覺中，需要更強烈的味覺刺激。所以，鼓勵您在進行介紹活動時，要先保持孩子口腔的潔淨，尤其每到一個程序，需讓孩子漱口後再進行第二階段的操作，這樣便不會因為前面食物的味道而產生遲疑與混淆。

　　當進行各種味道嘗試的過程中，如果孩子還是對味道有所混淆，建議您再重新自第一階段開始，提示孩子每個步驟的記憶，或是停頓讓孩子回憶一下。在進行活動前，每樣食物孩子都已試過了，建構孩子的舊經驗後，再去熟悉正確的味道，畢竟在家中進行味覺的活動其實很容易就地取材，而且也是一項有趣的活動，不要因為孩子可能未嚐過某種味道，而強迫孩子接收各種味覺的特徵與名稱，這樣容易造成孩子的負擔喔！

嗅覺

嗅覺

蒙特梭利

感覺教育使人成為觀察家,不但成為使他完
成適應現代文明的一般化工作,也使他們直
接為實際生活做好預備。

——蒙特梭利,《蒙台梭利教學法》,*P.183*——

嗅覺

　　一個出生的嬰兒經由父母或保母的照顧與肢體的接觸，竟然能分辨是不是熟悉的人，而以哭泣來表達心中的抗議，就可看出嬰兒早已發展的嗅覺能力。今天若將您的眼睛矇起來，找來多位男士（女士）與你的先生（太太）站在一起，要你利用嗅覺找出你的先生（太太），我想對成人而言，這是一項困難的工作，但對三到六歲的孩子來說，這是一件容易又好玩的遊戲，因為大人已經過了嗅覺的敏感期，可能未充分的發揮與運用而讓嗅覺能力遲鈍了。

　　蒙特梭利指出，具有細微、能分辨差異的感官能力，在成人生活中是非常重要的，尤其對某些職務而言。在和一位醫生的交談中，蒙特梭利深深體會到如果一位醫生對於色彩的印象強烈，及擁有極佳的觸覺和嗅覺敏銳度，這是多麼重要的一項資產。因那位醫生對她說，他是靠著嗅覺來進行他的工作，一進病房時他就可診斷出病人的疾病，他並且說出：「許多疾病都有一股特殊的異味。」要使一個人學會某種技能的祕訣，就是要利用三到六歲這段感官與動作自然發展的時期，讓孩子感覺器官的能力發揮到淋漓盡致的地步。

◎ 嗅覺遊戲

○○○○ 材料

✾ 第一階段

一組用棉花沾有綠油精、胡椒粉、香水、咖啡粉、醋的瓶子五個。

✾ 第二階段*

兩組顏色不同且用棉花沾有綠油精、胡椒粉、香水、咖啡粉、醋的瓶子各五個。

✾ 每一階段

眼罩一個。
托盤一個。

○○○○ 適用年齡

三歲以上。

○○○○ 示範步驟

第一階段

1. 請孩子戴上眼罩。

2. 請孩子坐在你慣用手的另一邊或對面，拿裝有綠油精的瓶子，打開蓋子聞一聞並告訴他，「這個是綠油精的氣味」，也讓孩子聞一聞綠油精的氣味。

3. 拿裝有胡椒粉的瓶子，打開蓋子聞一聞並告訴他，「這個是胡椒粉的氣味」，也讓孩子聞一聞胡椒粉的氣味。

4. 拿裝有香水的瓶子，打開蓋子聞一聞並告訴他，「這個是香水的氣味」，也讓孩子聞一聞香水的氣味。

5. 拿裝有咖啡粉的瓶子，打開蓋子聞一聞並告訴他，「這個是咖啡粉的氣味」，也讓孩子聞一聞咖啡粉的氣味。

6. 拿裝有醋的瓶子，打開蓋子聞一聞並告訴他，「這個是醋的氣味」，也讓孩子聞一聞醋的氣味。

第二階段

1. 拿出兩組有五種不同氣味的瓶子，按瓶子的顏色分類，排成上下兩排。

2. 請孩子戴上眼罩。

3. 選擇一個上排的瓶子打開蓋子，放在鼻子前聞一聞，感覺它的氣味。

4. 再選擇一個下排的瓶子打開蓋子，放在鼻子前聞一聞，感覺它的氣味後，並與第一個瓶子的氣味做比較。

5. 若兩個瓶子的氣味相同，便將兩個瓶子配對放在一起；如果不同，將下排的瓶子放回，再拿下排的另一個瓶子做比較。

6. 依同樣的步驟，將其他四組不同的瓶子做配對。

◯◯◯◯◯ 注意事項

1. 製作嗅覺的教具要特別注意找容易挖洞的瓶子，因為不能讓孩子看到裝在瓶內的東西，只要挖洞讓孩子聞一聞就可以。
2. 利用裝胡椒粉的瓶子來製作嗅覺的教具是最適合的，因蓋子上方已有洞口，方便孩子操作。
3. 此教具的內容物，其味道易因時間長久而消失，因此要常常檢查內容物的味道，並隨時更換。

◯◯◯◯◯ 延伸變化

1. 可增加多種味道的嗅覺瓶，提高挑戰性。
2. 換成不同味道的香水。
3. 利用各種不同的香包來辨識。
4. 利用兩組顏色相同的瓶子來配對，增加其困難度。

◎ 猜猜看，是什麼水果？

○○○○○ 材料

✺ 第一階段

裝有蘋果、哈密瓜、鳳梨、榴槤、柳橙切片的瓶子五個。

✺ 第二階段*

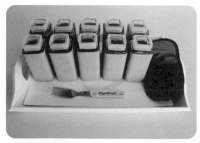

兩組顏色不同且裝有蘋果、哈密瓜、鳳梨、榴槤、柳橙切片的瓶子各五個（如用透明的
瓶子則可貼上兩種不同顏色的膠帶）。

✺ 每一階段

叉子一根。
眼罩一個。
托盤一個。

◦◦◦◦ 適用年齡

三歲以上。

◦◦◦◦ 示範步驟

第一階段

1. 請孩子戴上眼罩。

2. 請孩子坐在你慣用手的另一邊或對面，拿裝著蘋果的瓶子，用叉子拿一塊來聞並告訴他，「這個是蘋果的氣味」，也讓孩子聞一聞蘋果的氣味。

3. 拿裝著哈密瓜的瓶子，用叉子拿一塊來聞並告訴他，「這個是哈密瓜的氣味」，也讓孩子聞一聞哈密瓜的氣味。

4. 拿裝著鳳梨的瓶子，用叉子拿一塊來聞並告訴他，「這個是鳳梨的氣味」，也讓孩子聞一聞鳳梨的氣味。

5. 拿裝著榴槤的瓶子，用叉子拿一塊來聞並告訴他，「這個是榴槤的氣味」，也讓孩子聞一聞榴槤的氣味。

6. 拿裝著柳橙的瓶子，用叉子拿一塊來聞並告訴他，「這個是柳橙的氣味」，也讓孩子聞一聞柳橙的氣味。

第二階段

1. 拿出兩組有五種不同水果氣味的瓶子，按照瓶子的顏色分類，排成上下兩排。

2. 請孩子戴上眼罩。

3. 選擇一個上排的瓶子後，用叉子拿一塊放在鼻子前聞一聞，感覺它的氣味。

4. 再選擇一個下排的瓶子，用叉子拿一塊放在鼻子前聞一聞，感覺它的氣味後，並與第一個瓶子的氣味做比較。

5. 若兩個瓶子的水果氣味相同，便將兩個瓶子配對放在一起；如果不同，則將下排的瓶子放回，再拿另一個下排的瓶子做比較。

6. 依同樣的步驟，將其他四組不同的瓶子做配對。

○○○○ 注意事項

按照季節的不同，準備當季的水果來進行配對遊戲。

○○○○ 延伸變化

利用兩組顏色相同的瓶子做配對，增加其困難度。

◎ 聞聞看，是什麼味道？

○○○○ 材料

第一階段

五種不同氣味的蠟燭用相同顏色的布料包裝。

第二階段*

兩組顏色不同且裝有五種不同氣味蠟燭的布袋。（此為配對活動，請注意相對的蠟燭氣味要相同。）

每一階段

眼罩一個。
托盤一個。

三歲半以上。

第一階段

1. 請孩子戴上眼罩。

2. 請孩子坐在你慣用手的另一邊或對面，拿著有玫瑰氣味的蠟燭，放在鼻子前聞一聞並告訴他，「這個是玫瑰的氣味」，也讓孩子聞一聞玫瑰的氣味。

3. 拿著有薰衣草氣味的蠟燭，放在鼻子前聞一聞並告訴他，「這個是薰衣草的氣味」，也讓孩子聞一聞薰衣草的氣味。

4. 拿著有百合氣味的蠟燭，放在鼻子前聞一聞並告訴他，「這個是百合的氣味」，也讓孩子聞一聞百合的氣味。

5. 拿著有紫羅蘭氣味的蠟燭，放在鼻子前聞一聞並告訴他，「這個是紫羅蘭的氣味」，也讓孩子聞一聞紫羅蘭的氣味。

6. 拿著有水仙氣味的蠟燭，放在鼻子前聞一聞並告訴他，「這個是水仙的氣味」，也讓孩子聞一聞水仙的氣味。

第二階段

1. 拿出兩組有五種不同氣味蠟燭的布袋，按顏色分成上下兩排（由左而右、由上而下）。

2. 請孩子戴上眼罩。

3. 拿起一個上排的蠟燭後，放在鼻子前聞一聞，感覺它的氣味。

4. 再拿起一個下排的蠟燭，放在鼻子前聞一聞，感覺它的氣味後，並與第一個蠟燭的氣味做比較。

5. 若兩個蠟燭的氣味相同，便將兩個蠟燭配對放在一起；如果不同，則

將下排的蠟燭放回，再拿另一個下排的蠟燭做比較。

6. 依同樣的步驟，將其他四組不同的蠟燭做配對。

◯◯◯◯ 延伸變化

1. 可尋找其他會散發氣味的物品做變化。

2. 利用兩組顏色相同的布袋做配對，增加其困難度。

◎ 聞一聞，是什麼東西？

○○○○ **材料**

⚙ 第一階段

裝有香皂、洗髮精、牙膏和漱口水的瓶子四個（瓶子底部貼有物品的照片，如使用透明的瓶子請用彩色膠帶包裝外表）。

⚙ 第二階段*

1. 裝有香皂、洗髮精、牙膏和漱口水的瓶子四個（瓶子底部貼有物品的照片）。
2. 香皂、洗髮精、牙膏、漱口水等實物各一個。

⚙ 每一階段

眼罩一個。
托盤一個。

●●●● 適用年齡

三歲以上。

●●●● 示範步驟

第一階段

1. 請孩子戴上眼罩。
2. 請孩子坐在你慣用手的另一邊或對面，拿裝著香皂的瓶子聞一聞並告訴他，「這個是香皂的味道」，也讓孩子聞一聞香皂的氣味。
3. 拿裝著洗髮精的瓶子聞一聞並告訴他，「這個是洗髮精的味道」，也讓孩子聞一聞洗髮精的氣味。
4. 拿裝著牙膏的瓶子聞一聞並告訴他，「這個是牙膏的味道」，也讓孩子聞一聞牙膏的氣味。
5. 拿裝著漱口水的瓶子聞一聞並告訴他，「這個是漱口水的味道」，也讓孩子聞一聞漱口水的氣味。

第二階段

1. 拿出這組四種不同氣味的瓶子，把瓶子排在上排（由左而右）。
2. 再將香皂、洗髮精、牙膏、漱口水實物排在下排。
3. 請孩子戴上眼罩。
4. 選擇上排第一個瓶子後，拿到鼻子前聞一聞，感覺它的氣味。
5. 再選擇下排的一種物品後，聞一聞，比較兩種味道是否一樣。
6. 若相同便配對放在一起，如果不同，則再拿另一樣物品來試看看。
7. 依同樣的步驟，將其他三組不同的瓶子與日常用品做配對。
8. 最後，檢查瓶子底部的照片，來看看是否配對成功。

◎◎◎◎ 注意事項

1. 避免孩子先看杯子底部的答案才進行活動。

2. 不選味道過於刺鼻的香皂、洗髮精等物品。

3. 香皂和洗髮精等物品的味道盡量選擇有明顯差異性的。

給父母的話　For Father & Mother

　　我們都了解，孩子是透過「做中學」的，他們做任何事都是按照其本能不斷的反覆學習，就如一般性的技巧獲得，也是透過不斷練習才成功的，例如：學走路與穿衣服。所以，在孩子成長的過程中，我們必須幫助孩子發揮其最大的潛能。

　　另一方面，如何發展孩子健康的感官也很重要，孩子出生時，感官便向世界開展，孩子如何經驗這個世界與他感官的發展有很大的關係，尤其是嗅覺的發展，鼓勵您在平時生活中就可以為孩子預備這些物品：

- 去花園、公園或海邊玩時，與孩子一起蒐集花朵、葉子、海水、沙子等，運用大自然的素材，孩子很自然便會想要辨別這些味道。
- 家中物品：不刻意為孩子噴香水，提供他自然的物品，如塑膠製品、木頭等會散發出自然氣味的東西，或是父母親身上也有特殊自然的味道讓孩子做辨認。
- 食物：孩子常食用的一些水果或糖果，可以自由讓孩子觀察與品嚐，趁食用時，鼓勵他們用鼻子聞出其差異來。

　　有些父母會刻意幫孩子噴香水，但由於孩子身上濃郁的香氣掩蓋了其他自然的氣味時，就失去了嗅覺訓練的機會，且降低孩子嗅覺的敏銳度。實際上，孩子需要接觸各種多元的生活，特別需要大人留給他一個空間，不要對孩子說：「東西不要亂聞、亂碰啦！小孩子去房間玩。」如此的作法會使孩子喪失原始感官的能力。

　　因此，您在進行第一和第二階段時，要注意環境的單一性，不要靠近充滿濃厚味道的區域，例如廚房、浴室等，也不要在您家人或孩子本身才剛洗完澡時進行，因為這些狀況會混淆孩子嗅覺的辨別能力。讓孩子有利用自己感官的

機會與經驗，充分加以訓練與感受，辨別其中的不同，並以鼓勵代替規範。這樣，您就可按照感官教育的原則和孩子玩感官遊戲了！

Part 2 第二部曲 指導

此一階段的指導是屬於記憶性的活動，隨著年齡的成長，孩子要學習各種形容詞，例如：大的、小的、長的、短的、紅色、冰的、重的與冷的等，以及認識各種名詞，例如：三角形、橢圓體、直角三角形、鼓與鐵琴等。這些名稱的學習是屬於語文的領域，因此您不免懷疑，現在不是介紹感官方面的教育嗎？怎會有語文教育出現呢？其實這就是幼兒教育上最大的特徵與重要的觀念——課程整合，在幼兒教育上是不使用分科教學的。您記得在國小時我們會上兩節數學課、兩節國語課而下一節則上自然課，這便是分科教學，但是在學齡前的課程中是需要將數學和語文、音樂、自然或體能等做結合，這樣學科與學科之間知識的交叉與融合，讓孩子遇到不喜歡的科目時，老師便能以其他領域來引導出孩子對此學科的興趣，如此對孩子而言不啻為一大收穫！相信您得承認大多數的學習領域都和語文有關係，這是因為學習是需要透過說、唸或讀出來的。因此，對於感官名稱的認識是屬於第二部曲的學習過程，讓孩子對感官的具體實物有充分的了解後，他才能輕易的進入第二階段，如果心急的您未等待孩子做好充分準備，便將他帶入第二階段，一旦挫折產生，或是學習產生不出興趣時，孩子便會拒絕進入任何的學習，這樣的結果我想不是您所願意的，因此應謹慎的帶領孩子進入第二部曲的指導課程。

視覺

蒙 特 梭 利

為了建立智慧的基礎，用自己的感覺器官實
地感受實物，藉以豐富觀念，並賦予語言以
具備確切的概念。

──市丸成人、松本靜子，《蒙台梭利教育的比較研究與實踐》，

P.168─

大小名稱的認識

○○○○ 材料

1. 大小不同但材質相同的球各一個。
2. 托盤一個。

○○○○ 適用年齡

二歲半以上。

○○○○ 示範步驟

第一階段

1. 邀請孩子來看這兩個球，請他坐在您慣用手的另一邊或對面，首先，告訴他，「這個球是大的」，說完把大球放在他面前。
2. 再拿起另一個球，告訴他，「這個球是小的」，說完把小球放在大球旁邊。

第二階段

1. 接下來，對孩子說，「請你將大的球拿給我」，於是孩子將大球拿給你。

168

2. 再對孩子說，「請你將小的球拿給我」，於是孩子將小球拿給你。

第三階段

1. 最後，問孩子：「請你告訴我這是什麼？」孩子回答：「大的。」

2. 再拿起另一個問：「請你告訴我這是什麼？」孩子回答：「小的。」

3. 完成後將兩個球放回容器中。

◎◎◎◎ 注意事項

1. 當孩子能正確說出大小的名稱時，父母可再加入中型的球，讓孩子認識「中」的名稱。

2. 如果孩子在第三階段無法說出大小的名稱時，請下一次再從第一階段重新介紹起。

3. 若孩子已熟悉大小的名稱時，可再利用家中其他東西來認識喔！

◎◎◎◎ 延伸變化

製作大、中、小的名稱卡，讓孩子做名稱與物體的配對活動。

◎ 高低名稱的認識

◎◎◎◎ 材料

1. 材質相同但高低不同的杯子各一個。
2. 有高度的托盤一個。

◎◎◎◎ 適用年齡

二歲半以上。

◎◎◎◎ 示範步驟

第一階段

1. 邀請孩子來看這兩個杯子，請他坐在您慣用手的另一邊或對面，首先，告訴他，「這個杯子是高的」，說完把高杯子放在他面前。
2. 再拿起另一個杯子，告訴他，「這個杯子是低的」，說完把低杯子放在高杯子旁邊。

第二階段

1. 接下來，對孩子說，「請你將高的杯子拿給我」，於是孩子將高杯子拿給你。

2. 再對孩子說，「請你將低的杯子拿給我」，於是孩子將低杯子拿給你。

第三階段

1. 最後，問孩子：「請你告訴我這是什麼？」孩子回答：「高的。」

2. 再拿起另一個問：「請你告訴我這是什麼？」孩子回答：「低的。」

3. 將兩個杯子放回容器中。

◎◎◎◎ 注意事項

1. 當孩子能正確說出高低的名稱時，父母可再加入第三個杯子讓孩子認識「最高」及「比較高」的名稱。

2. 如果孩子在第三階段無法說出高低的名稱時，請下一次再從第一階段重新介紹起。

3. 聰明的您，可再利用其他東西來介紹高低喔！

◎◎◎◎ 延伸變化

製作高、低的名稱卡，讓孩子做名稱與物體的配對活動。

◎ 粗細名稱的認識

○○○○ 材料

1. 長度相同但粗細不同的吸管各一根。
2. 小籃子一個。

○○○○ 適用年齡

二歲半以上。

○○○○ 示範步驟

第一階段

1. 邀請孩子來看這兩根吸管,請他坐在您慣用手的另一邊或對面,首先,告訴他,「這根吸管是粗的」,說完把粗吸管放在他面前。
2. 再拿起另一根吸管,告訴他,「這根吸管是細的」,說完把細吸管放在粗吸管的旁邊。

第二階段

1. 接下來,對孩子說,「請你將粗的吸管拿給我」,於是孩子將粗吸管拿給你。

2. 再對孩子說，「請你將細的吸管拿給我」，於是孩子將細吸管拿給你。

第三階段

1. 最後，問孩子：「請你告訴我這是什麼？」孩子回答：「粗的。」
2. 再拿起另一個問：「請你告訴我這是什麼？」孩子回答：「細的。」
3. 將兩根吸管放回容器中。

◎◎◎◎ 注意事項

1. 當孩子能正確說出粗細的名稱時，父母可再加入第三根不同粗細的吸管，讓孩子認識「最粗」和「比較粗」的名稱。
2. 如果孩子在第三階段無法說出粗細的名稱時，請下一次再從第一階段重新介紹起。
3. 別忘記尋找孩子感興趣的物品來介紹喔！

◎◎◎◎ 延伸變化

製作粗、細的名稱卡，讓孩子做名稱與物體的配對活動。

◎ 長短名稱的認識

●●●● 材料

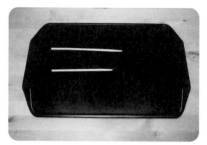

1. 長短不同但材質相同的筷子各一根。
2. 托盤一個。

●●●● 適用年齡

二歲半以上。

●●●● 示範步驟

第一階段

1. 邀請孩子來看這兩根筷子，請他坐在您慣用手的另一邊或對面，首先，告訴他，「這根筷子是長的」，說完把長筷子放在他面前。
2. 再拿起另一根筷子，告訴他，「這根筷子是短的」，說完把短筷子放在長筷子旁邊。

第二階段

1. 接下來，對孩子說，「請你將長的筷子拿給我」，於是孩子將長筷子拿給你。

2. 再對孩子說，「請你將短的筷子拿給我」，於是孩子將短筷子拿給你。

第三階段

1. 最後，問孩子：「請你告訴我這是什麼？」孩子回答：「長的。」
2. 再拿起另一個問：「請你告訴我這是什麼？」孩子回答：「短的。」
3. 將兩根筷子放回容器中。

⦿⦿⦿⦿ 注意事項

1. 當孩子能正確說出長短名稱時，父母可再加入第三根不同長度的筷子，讓孩子認識「最長」和「比較長」的名稱。
2. 如果孩子在第三階段無法說出長短的名稱時，請下一次再從第一階段重新介紹起。
3. 別忘記，下一次可以找孩子有興趣的東西來介紹喔！

⦿⦿⦿⦿ 延伸變化

製作長、短的名稱卡，讓孩子做名稱與物體的配對活動。

◎ 顏色名稱的認識

○○○○ 材料*

1. 材質相同的紅色及黃色木棒各一根。
2. 托盤一個。

○○○○ 適用年齡

二歲半以上。

○○○○ 示範步驟

第一階段

1. 邀請孩子來看木棒，請他坐在您慣用手的另一邊或對面，首先，告訴他，「這根木棒是紅色的」，說完把紅色木棒放在他面前。

2. 再指另一個木棒，告訴他，「這根木棒是黃色的」，說完把黃色木棒放在紅色木棒旁邊。

第二階段

1. 接下來，對孩子說，「請你將紅色的木棒拿給我」，於是孩子將紅色木棒拿給你。

2. 再對孩子說，「請你將黃色的木棒拿給我」，於是孩子將黃色木棒拿給你。

第三階段

1. 最後，問孩子：「請你告訴我這是什麼顏色？」孩子回答：「紅色。」
2. 再拿起另一根問：「請你告訴我這是什麼顏色？」孩子回答：「黃色。」
3. 將兩根木棒放回容器中。

○○○○ 注意事項

1. 當孩子能正確辨認且說出紅色與黃色時，父母可再加入第三種顏色的木棒讓孩子學習，日後漸進的讓孩子認識其他顏色。
2. 一次介紹二至三種顏色為主，介紹新顏色時，務必和已認識的顏色一起介紹。
3. 如果孩子在第三階段無法說出顏色的名稱時，請下一次再從第一階段重新介紹起。
4. 別忘記，可以利用孩子有興趣的東西來介紹喔！

○○○○ 延伸變化

製作顏色的名稱卡，讓孩子做名稱與物體的配對活動。

◎ 形狀名稱的認識

○○○○ 材料

1. 顏色相同的圓形、三角形各一個。
2. 托盤一個。

○○○○ 適用年齡

二歲半以上。

○○○○ 示範步驟

第一階段

1. 邀請孩子來看這兩個形狀，請他坐在您慣用手的另一邊或對面，首先，拿起圓形珍珠板告訴他，「這個是圓形」，說完把圓形珍珠板放在他面前。
2. 再拿起三角形珍珠板，告訴他，「這個是三角形」，說完放在圓形的旁邊。

第二階段

1. 接下來，對孩子說，「請你將圓形拿給我」，於是孩子將圓形拿給你。

2. 再對孩子說，「請你將三角形拿給我」，於是孩子將三角形拿給你。

第三階段

1. 最後，拿三角形問孩子：「請你告訴我這是什麼形狀？」孩子回答：
   「三角形。」

2. 再拿起另一個問：「請你告訴我這是什麼形狀？」孩子回答：「圓
   形。」

3. 將兩個形狀放回容器中。

◉◉◉◉ **注意事項**

1. 當孩子能正確說出形狀的名稱時，父母可再加入第三種不同形狀的物
   品，讓孩子練習，日後漸進的讓孩子認識其他形狀。

2. 形狀介紹一次以二至三種為主，介紹新的形狀時，務必和已認識的形
   狀一起介紹。

3. 如果孩子在第三階段無法說出形狀的名稱時，請下一次再從第一階段
   重新介紹起。

4. 別忘記，可以運用孩子有興趣的東西來介紹喔！

5. 此教具需使用耐用的材料來製作，如珍珠板、瓦楞紙或不織布等材料。

◉◉◉◉ **延伸變化**

製作形狀的名稱卡，讓孩子做名稱與物體的配對活動。

For Father & Mother
給父母的話

　　蒙特梭利的數學教育是以感覺教育為基礎，有了比較大小、粗細、長短序列等為基礎邏輯的觀念之後，再以具體的量與抽象的數字符號結合，從 1 至 10 的學習，到百和千的十進位認識，再到加減乘除四則運算、分數和時間的練習等，都有具體的教具可以操作，幫助孩子了解這些運算的真實意義，建立起完整的數學概念。

　　在孩子的敏感期，透過教具的操作充分刺激其感官，啟發智慧之門。尤其透過視覺具體的操作與運用，讓孩子學會運用視覺去辨別真實的感覺，奠立學習的基礎，因此建議您示範時，盡量讓孩子坐在與您同方向慣用手的另一邊（例如，您是使用右手的人，請孩子坐在您的左邊；反之，如果您是左撇子，就請孩子坐在您的右邊），以免孩子產生方向的混淆，也不會因您的手在操作而擋住孩子的視線。介紹與示範的動作宜放慢且簡潔清楚，更要隨時觀察孩子的反應，配合孩子的理解能力，讓孩子能仔細觀察。同時也要注意言語簡要，讓孩子的注意力專注於您的示範，不管您或是孩子操作時都要保持安靜，在必要時才提醒他，符合蒙特梭利教學的原理，指導者的話要少。教具採用的原則要記得由具體到抽象，且牢記：(1)分類：對比性；(2)配對：相同性；(3)序列：相似性（皆為邏輯與歸納的思考訓練）。而感官教具大多使用三指（拇指、食指與中指）來拿取，兩指（中指與食指）來觸摸教具，就是為日後寫字做準備。再來，教具也要與真實環境做連結，例如介紹綠色時，您可以請孩子到家中找出日常生活物品是綠色的，而不只是教具上的認知。提供孩子自由變化的空間，例如最後階段中都有變化延伸的部分，就是鼓勵孩子自由發揮，但要提醒孩子遵守不能破壞教具和不能傷害別人的二大原則。最後再次提醒您，對孩子的提示語要簡單明瞭喔！

觸覺

蒙特梭利

蒙特梭利說：「嬰兒最先啟動的機能是感覺
器官」，人內在生命最先開始活動的是感覺
能力，透過感覺從環境中吸收自己生存所必
須的要素。

──市丸成人、松本靜子，《蒙台梭利教育的比較研究與實踐》，

$P.{}_1{}_6{}^6$──

幾何立體名稱的認識

○○○○ 材料

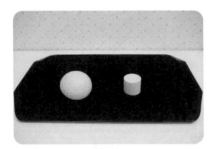

1. 顏色與材質相同的球體、圓柱體各一個。
2. 托盤一個。

○○○○ 適用年齡

三歲半以上。

○○○○ 示範步驟

第一階段

1. 請孩子來看這兩個立體物，請他坐在您慣用手的另一邊或對面，首先，拿起球體放在雙手上摸一摸告訴他，「這個是球體」，說完便放在他的面前。
2. 再拿起圓柱體，告訴他，「這個是圓柱體」，說完放在球體的旁邊。

第二階段

1. 接下來，對孩子說，「請你將球體拿給我」，於是孩子將球體拿給你。
2. 再對孩子說，「請你將圓柱體拿給我」，於是孩子將圓柱體拿給你。

第三階段

1. 最後，拿圓柱體問孩子：「請你告訴我這是什麼？」孩子回答：「圓柱體。」

2. 再拿起另一個問：「請你告訴我這是什麼？」孩子回答：「球體。」

3. 將兩個物體放回容器中。

●●●● 注意事項

1. 當孩子能正確說出物體的名稱時，父母可再加入第三種不同的幾何立體物，讓孩子練習，日後漸進的讓孩子認識其他幾何立體的名稱。

2. 幾何立體的名稱介紹一次以二至三種為主，介紹新的時，務必和已認識的一起介紹。

3. 如果孩子在第三階段無法說出物體的名稱時，請下一次再從第一階段重新介紹起。

4. 別忘記，可以尋找孩子有興趣的東西來介紹喔！

●●●● 延伸變化

製作幾何立體的名稱卡，讓孩子做名稱與物體的配對活動。

◎溫覺名稱的認識

1. 裝有冷與溫的水杯各一個（水杯的顏色要相同）。
2. 托盤一個。

二歲半以上。

第一階段

1. 邀請孩子來看這兩杯水，請他坐在您慣用手的另一邊或對面，首先，拿起冷水的杯子雙手摸一摸杯子告訴他，「這個是冷的」，說完請他觸摸後便放在他的面前。
2. 再拿起另一個杯子，告訴他，「這個是溫的」，說完請他觸摸後便放在冷水的旁邊。

第二階段

1. 接下來，對孩子說，「請你將冷水拿給我」，於是孩子將冷水拿給你。

2. 再對孩子說，「請你將溫水拿給我」，於是孩子將溫水拿給你。

第三階段

1. 最後，拿起溫水的杯子問孩子：「請你告訴我這是什麼？」孩子回答：「溫水。」

2. 再拿起另一個杯子問，「請你告訴我這是什麼？」孩子回答：「冷水。」

3. 將兩杯水放回容器中。

●●●● 注意事項

1. 當孩子能正確說出溫度名稱時，父母可再加入第三種不同溫度的名稱「熱」，讓孩子練習，再來可認識「冰」的名稱。

2. 溫覺的介紹一次以二至三種為主，介紹新的溫覺時，務必和已認識的溫覺一起介紹。

3. 如果孩子在第三階段無法說出溫覺的名稱時，請下一次再從第一階段重新介紹起。

4. 別忘記，以孩子有興趣的物品來介紹喔！

●●●● 延伸變化

製作溫覺的名稱卡，讓孩子做名稱與物體的配對活動。

◎ 重量覺名稱的認識

○○○○ 材料

1. 兩個顏色相同但重量不同的沙包。
2. 托盤一個。

○○○○ 適用年齡

二歲半以上。

○○○○ 示範步驟

第一階段

1. 邀請孩子來看這兩個沙包，請他坐在您慣用手的另一邊或對面，首先，拿起重的沙包放在手心秤一秤，告訴他，「這個是重的」，說完請他也放在手心秤一秤，然後放在他面前。
2. 再拿起輕的沙包放在手心秤一秤，告訴他，「這個是輕的」，說完請他也放在手心秤一秤，放在重的旁邊。

第二階段

1. 接下來，對孩子說，「請你將重的沙包拿給我」，於是孩子將重的拿

給你。

2. 再對孩子說，「請你將輕的沙包拿給我」，於是孩子將輕的拿給你。

第三階段

1. 最後，拿輕的沙包問孩子：「請你告訴我這是什麼？」孩子回答：「輕的。」

2. 再拿起重的沙包問：「請你告訴我這是什麼？」孩子回答：「重的。」

3. 將兩個沙包放回容器中。

○○○○ 注意事項

1. 當孩子能正確說出重量的名稱時，父母可再加入比較級的物品，讓孩子認識「比較重」及「比較輕」的名稱。

2. 重量名稱一次介紹二至三種為主，介紹新的重量名稱時，務必和已認識的名稱一起介紹。

3. 如果孩子在第三階段無法說出重量的名稱時，請下一次再從第一階段重新介紹起。

4. 別忘記，可尋找孩子有興趣的物品來介紹喔！

○○○○ 延伸變化

製作重量的名稱卡，讓孩子做名稱與物體的配對活動。

For Father & Mother
給父母的話

　　精練孩子的觸覺，可以使孩子的肢體感覺更敏銳，進而更聰明有智慧，同時，也培養注意力及警覺環境安全的能力。研究顯示，觸覺的訓練發展是讓受試者由皮膚的某一個點的感覺發展，並要求受試者去指出身上被點到的位置，讓觸覺感受更為靈敏。這項活動需要「用心觀察」，即幫助您觀察孩子，能夠更了解孩子自我感官的真諦，所以這一部分也是很重要的「功課」。

　　因此，帶領孩子去體會生活中的觸感，滿足孩子身體感官的需求，給孩子思考的時間與空間，而不是一味的順從，這也是指導活動時需注意的事項。利用身上最直接的觸覺，可以從孩子最感興趣的活動開始著手，在進行介紹教具時，要先過濾一些外在的影響，讓孩子專心在活動中各個階段的學習，尤其是在碰觸及感受重量時，切記引導孩子語氣需溫和，顯示的名稱要明確。

　　自家中的物品取材，可以拿平日所用的不透明袋子當作神祕袋，甚至運用一般塑膠瓶子裝水，都可以當作觸覺或是重量覺的教具，聰明的您現在可以動動腦，把家中的東西按照觸覺教具設計的原理，製作屬於您獨一無二的教具喔！另外，當您在示範各個階段時，仍要記住慢慢的引導孩子，觀察孩子進行活動的情形。

　　孩子是單純的，就像海綿一樣，無論您提供多少東西，他都會照單全收。學齡時期直接觸及幼兒敏銳的感官，以培養其觀察、比較、判斷的習性和能力，對於日後的學習都是有益的喔！

聽覺

蒙特梭利

如果兒童練習操作感官教具，因而增強了分辨能力，提高了學習動機，當然，他的觀察能力會比過去更敏銳。對於較小的事物真正感興趣的人，對於較大的事物將會更感興趣。

——蒙特梭利，《發現兒童》，P.177——

◎大小聲名稱的認識

○○○○ 材料

1. 兩個顏色相同但裝有不同分量的豆子、米或沙子的瓶子。
2. 托盤一個。

○○○○ 適用年齡

二歲半以上。

○○○○ 示範步驟

第一階段

1. 邀請孩子來看這兩個瓶子，請他坐在您慣用手的另一邊或對面，首先，拿起豆子比較多的瓶子，搖一搖瓶子後告訴他，「這個是大聲」，說完便放在他的面前。
2. 再拿起豆子比較少的瓶子，搖一搖瓶子後告訴他，「這個是小聲」，說完放在大聲的瓶子旁。

第二階段

1. 接下來，對孩子說，「請你將大聲的瓶子拿給我」，請孩子拿起瓶子

搖一搖判斷後，將大聲的瓶子拿給你。

2. 再對孩子說，「請你將小聲的瓶子拿給我」，請孩子拿起瓶子搖一搖
   判斷後，將小聲的瓶子拿給你。

第三階段

1. 最後，拿小聲的瓶子搖一搖後問孩子：「請你告訴我這是什麼？」孩
   子回答：「小聲。」

2. 再拿起另一個瓶子搖一搖後問：「請你告訴我這是什麼？」孩子回答：
   「大聲。」

3. 將兩個瓶子放回容器中。

◎◎◎◎　注意事項

1. 當孩子能正確說出聲音的大小時，父母可再加入比較級的聲音，讓孩
   子認識「比較大聲」及「比較小聲」的名稱。

2. 聲音的介紹一次以二至三種為主，介紹新的聲音時，務必和已認識的
   聲音一起介紹。

3. 如果孩子在第三階段無法說出聲音的名稱時，請下一次再從第一階段
   重新介紹起。

4. 想一想，找些孩子有興趣的東西來介紹喔！

◎◎◎◎　延伸變化

製作聲音的名稱卡，讓孩子做名稱與物體的配對活動。

樂器名稱的認識

○○○○○ 材料

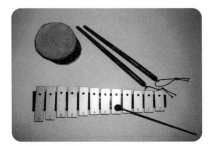

1. 鼓和小鐵琴各一個。
2. 鼓棒二根。
3. 敲擊棒一根。

○○○○○ 適用年齡

三歲以上。

○○○○○ 示範步驟

第一階段

1. 邀請孩子來看這兩種樂器，請他坐在您慣用手的另一邊或對面，首先，用力敲鼓後告訴他，「這個是鼓」，說完便放在他的面前。
2. 再拿起鐵琴，按照音階來敲後告訴他，「這個是鐵琴」，說完放在鼓的旁邊。

第二階段

1. 接下來，對孩子說，「請你敲一敲鼓」，於是孩子敲鼓。

196

2. 再對孩子說，「請你敲一敲鐵琴」，於是孩子敲鐵琴。

第三階段

1. 最後，拿鐵琴問孩子：「請你告訴我這是什麼？」孩子回答：「鐵琴。」

2. 再拿另一個問：「請你告訴我這是什麼？」孩子回答：「鼓。」

◎◎◎◎ 注意事項

1. 當孩子能正確說出樂器名稱時，父母可再加入第三種不同的樂器，日後漸進的讓孩子認識其他樂器。

2. 樂器名稱介紹一次以二至三種為主，介紹新的樂器時，務必和已認識的樂器一起介紹。

3. 如果孩子在第三階段無法說出樂器的名稱時，請下一次再從第一階段重新介紹起。

◎◎◎◎ 延伸變化

1. 製作樂器的名稱卡，讓孩子做名稱與物體的配對活動。

2. 介紹各國的樂器，讓孩子感受不同的文化。

◎ 音階名稱的認識

⚬⚬⚬⚬ 材料

1. 音磚 Sol 和 Mi 的音各一個。
2. 棒子一根。
3. 托盤一個。

⚬⚬⚬⚬ 適用年齡

四歲以上。

⚬⚬⚬⚬ 示範步驟

第一階段

1. 邀請孩子來看音磚，請他坐在您慣用手的另一邊或對面，首先，敲
   「Sol」的音告訴他，「這個是 Sol」，說完讓他也敲一下。
2. 再敲「Mi」的音告訴他，「這個是 Mi」，說完讓他也敲一下。

第二階段

1. 接下來，對孩子說，「請你敲一下音磚 Sol 的音」，於是孩子敲音磚
   Sol 的音。

2. 再對孩子說，「請你敲一下音磚Mi的音」，於是孩子敲音磚Mi的音。

第三階段

1. 最後，敲一下 Sol 的音問孩子：「請你告訴我這是什麼音？」孩子回答：「Sol。」

2. 再敲另一個音階問：「請你告訴我這是什麼音？」孩子回答：「Mi。」

3. 將兩個音磚放回容器中。

◎◎◎◎ 注意事項

1. 當孩子能正確說出音階時，父母可再加入第三種不同的音階，日後漸進的讓孩子認識其他音階。

2. 音階介紹一次以二至三種為主，介紹新的音階時，務必和已認識的音階一起介紹。

3. 如果孩子在第三階段無法說出音階的名稱時，請下一次再從第一階段重新介紹起。

◎◎◎◎ 延伸變化

製作音階的名稱卡，讓孩子做名稱與物體的配對活動。

在學齡前的階段您能提升孩子聽覺方面的能力，就是提供一個充滿音樂的世界，能夠聽到各種美妙神奇的節奏。許多研究一致認為，聲音能夠刺激嬰兒的皮膚與聽覺發展，刺激腦部的功能，影響孩子在其他方面的表現，且能夠陶冶孩子的性情，培養美、善的情操，做父母的您別忽略了這項重要性。

在介紹音樂活動時，會開始運用抽象的名稱；如「Sol」、「Mi」等音階名稱，您必須先觀察孩子的成熟度，視他的學習及用語狀況，加以挑選教材及教法。當然您也可以慢慢建立孩子相關的經驗，對於名稱的介紹，要以二至三個名稱的辨識為基準，然後觀察孩子進行活動的流暢性，加以斟酌是否需要增加或降低內容的深度。如果家中沒有樂器，您也可以使用家中可發出聲音的物品，例如鬧鐘、玻璃杯、鍋子等，甚至運用身體拍手踏腳的聲音，也是教學的好教材喔！

將聽覺的訓練融入於生活中，任何孩子喜歡的音樂及聲音，都能使他安定並且樂在其中。例如，孩子喜歡聽風鈴的聲音，就以風鈴的形式，配合各種不同歌謠或節奏玩音樂的遊戲；若孩子對鍵盤有興趣，就與他共同發現音階高低的變化，了解音階的美麗，因為聽覺的訓練是靠先天的發展和後天經驗的學習，逐漸發展而成的。總而言之，引導孩子去發現，尊重孩子的興趣，鼓勵孩子去探索，這便是教學最好的指導原則！

味覺

蒙 特 梭 利

感官教育乃是反覆練習的活動，其目的並不
是要兒童認識顏色、形狀和各種不同的特
質，而是要藉助專注、比較和判斷等真正智
能的練習而使感官更敏銳。

——蒙特梭利，《發現兒童》，$P.323$——

◎味覺名稱的認識

○○○○ 材料

1. 裝有甜和鹹的水杯各一個（水杯顏色相同）。
2. 白開水一杯。
3. 湯匙一根。
4. 托盤一個。

○○○○ 適用年齡

二歲半以上。

○○○○ 示範步驟

第一階段

1. 邀請孩子坐在您慣用手的另一邊或對面，首先，用湯匙舀一匙甜的水給他喝，並告訴他，「這個是甜的」，說完請他喝口白開水漱漱口。
2. 再舀一匙鹹的水給他喝，並告訴他，「這個是鹹的」。

第二階段

1. 接下來，對孩子說，「請你喝一匙甜的水」，於是孩子從裝有甜水的

杯子裡舀一匙水來喝。

2. 再對孩子說，「請你喝一匙鹹的水」，於是孩子從裝有鹹水的杯子裡舀一匙水來喝。

第三階段

1. 最後，拿裝有甜水的杯子問孩子：「請你告訴我這是什麼水？」孩子回答：「甜的。」

2. 再拿裝有鹹水的杯子問：「請你告訴我這是什麼水？」孩子回答：「鹹的。」

3. 將兩個杯子放回容器中。

●●●● 注意事項

1. 當孩子能正確說出味道時，父母可再加入「酸」的味道讓孩子認識其名稱，日後再介紹「苦」和「辣」等名稱。

2. 味道名稱的介紹一次以二至三種為主，介紹新的味道時，務必和已認識的味道一起介紹。

3. 如果孩子在第三階段無法說出味道的名稱時，請下一次再從第一階段重新介紹起。

4. 也可以用水果或果汁來認識味道的名稱喔！

●●●● 延伸變化

製作味道的名稱卡，讓孩子做名稱與物體的配對活動。

◎ 濃稠與稀淡的認識

◎◎◎◎ 材料

1. 兩碗各裝有濃稠和稀淡二種不同味道的湯（碗的形狀顏色要相同）。
2. 白開水一杯。
3. 湯匙一根。
4. 托盤一個。

◎◎◎◎ 適用年齡

二歲半以上。

◎◎◎◎ 示範步驟

第一階段

1. 請孩子坐在您慣用手的另一邊。
2. 在用湯匙舀一匙濃稠的湯給他喝，並告訴他，「這個湯是濃的」，試完請他喝口白開水漱漱口。
3. 再舀一匙輕淡的湯給他喝，告訴他，「這個湯是淡的」。

第二階段

1. 接下來，對孩子說，「請你喝一匙濃的湯」，於是孩子喝一匙濃的湯。

2. 再對孩子說，「請你喝一匙淡的湯」，於是孩子喝一匙淡的湯。

第三階段

1. 最後，拿裝有濃湯的碗問孩子：「請你告訴我這是什麼湯？」孩子回答：「濃的。」

2. 再拿起另一個碗問孩子：「請你告訴我這是什麼湯？」孩子回答：「淡的。」

3. 將兩個碗放回容器中。

◎◎◎◎ 注意事項

1. 味覺名稱的介紹一次以二種為主，介紹新的名稱時，務必和已認識的名稱一起介紹。

2. 如果孩子在第三階段無法說出味道的名稱時，請下一次再從第一階段重新介紹起。

3. 不要在剛進食過後立即進行此活動，以免孩子的味覺無法辨識清楚。

◎◎◎◎ 延伸變化

製作濃與淡的名稱卡，讓孩子做味道名稱與食物的配對活動。

◎ 特有食物的認識

○○○○ 材料*

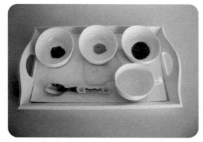

1. 裝有巧克力、起司、橘子醬三種食物的盤子各一個（盤子顏色要相同）。
2. 白開水一杯。
3. 湯匙一根。
4. 托盤一個。

○○○○ 適用年齡

三歲以上。

○○○○ 示範步驟

第一階段

1. 邀請孩子坐在您慣用手的另一邊。
2. 先用湯匙舀一匙巧克力醬給他嚐一口，並告訴他，「這個是巧克力醬是甜的」，試完請他喝口白開水漱漱口。
3. 再舀一匙起司醬給他嚐，並告訴他，「這個是起司醬是鹹的」，試完請他喝口白開水漱漱口。

4. 接著舀一匙橘子醬給他嚐，並告訴他，「這個橘子醬是酸的」。

第二階段

1. 對孩子說，「請你吃一口甜的東西」，於是孩子選擇嚐裝有巧克力的盤子並舀一匙巧克力醬來吃。

2. 再對孩子說，「請你吃一口鹹的東西」，於是孩子選擇起司的盤子並舀一匙起司來吃。

3. 同樣步驟進行到橘子醬，對孩子說，「請你吃一口酸的東西」，於是孩子選擇橘子醬的盤子並舀一匙橘子醬來吃。

第三階段

1. 最後，拿裝有巧克力的盤子問孩子：「請你告訴我這是什麼？它的味道如何？」孩子回答：「巧克力，是甜的。」

2. 再拿起裝有起司的盤子問：「請你告訴我這是什麼？它的味道如何？」孩子回答：「起司，是鹹的。」

3. 依同樣步驟進行到橘子醬。

◎◎◎◎ 注意事項

1. 當孩子能正確說出前述的味道時，日後再介紹「苦」的食物來認識。

2. 味道名稱的介紹一次以二至三種為主，介紹新的味道時，務必和已認識的味道一起介紹。

3. 如果孩子在第三階段無法說出味道的名稱時，請下一次再從第一階段重新介紹起。

4. 進行活動前不要讓孩子吃味道太重的東西喔！

◎◎◎◎ 延伸變化

製作味道及物品的名稱卡，讓孩子做名稱與物體的配對活動。

給父母的話 For Father & Mother

　　零到七歲孩子的學習是透過身體的模仿,而非語言的理解,孩子的意識發展是跟著周圍的環境,不管室內或室外,而不是用頭腦或智力來做決定的,大人必須要了解的是,孩子是透過本能不斷地反覆而學習的。在味覺的練習工作上亦是如此,例如,孩子學會吸吮各種液態的味道而產生不同的反應,慢慢地分辨哪些東西是他喜歡的,試了一次又一次,跌倒了再爬起來。因此孩子的學習,都是透過不斷練習才完成的。

　　所以,在孩子成長的過程中,我們必須幫助孩子達到最大可能的發展。一個有品質的活動需要孩子們主動積極的參與,不只四肢動作的參與,更是發揮孩子思考與想像力。看到三、四歲的幼兒在嘗試各種食物時,其臉上的表情是充滿驚奇的,並且非常主動和積極的參與,因此透過這樣的活動,更能將簡單的學習進而發展成另一項能力的獲得,這便是潛在的寶藏喔!

　　不過就技術上而言,味覺的活動發展,需要您提供幼兒實質的東西。所以,讓家中的食物充滿多元化就是首要的工作,隨時給予機會教育,不只是告訴孩子:「很好喝。」而是要告訴他:「這蛋糕是甜的」、「這道菜是鹹的」。當然,如果活動介紹的素材中,含有各種混合料理的調味,孩子就會因為其味道過於變化與複雜,而無法分辨出真正味道來,所以別忘慎選適當的食品。再來,餅乾中可能有鹹的味道,跟平常所知餅乾是甜的不同,會讓孩子產生認知上的錯覺,因此利用各種不同味道的餅乾讓孩子分辨亦是一項有趣的活動喔!如果小孩會因此而有錯誤的判斷,建議您在進行活動之前,要先試試看教材的味道是否單一及活動進行之前是否吃過味道較強烈的食物。所以,進行這項活動的時間挑選,必須注意不要在剛進食或是用過餐之後,讓孩子誤以為又要進食了,而對此活動興趣缺缺。

For Father & Mother
給父母的話

　　希望您提供孩子簡單且自然的素材，讓他們能夠清楚分辨出味道來。您知道嗎？對孩子的味覺而言，這些出於自然的食品和那些合成的食物是多麼的不同！再來，活動進行的流暢，不只是在介紹活動才開始，而是在生活裡就可以探尋到許多機會來教育喔！

嗅覺

蒙特梭利

感覺教育如果反覆許多次就可以構成一種自
我教育，足以使兒童心智感覺進展到完美的
程度。

——蒙特梭利，《蒙台梭利教學法》，*P.189*——

◎嗅覺名稱的認識

○○○○ 材料

1. 裝有香水及大蒜的瓶子各一個（如用透明的瓶子請貼上顏色相同的彩色膠帶）。
2. 托盤一個。

○○○○ 適用年齡

二歲半以上。

○○○○ 示範步驟

第一階段

1. 邀請孩子來看這兩個瓶子，請他坐在您慣用手的另一邊或對面，首先，拿起香水聞一聞後告訴他，「這個是香香的香水味道」，說完也讓他聞一聞，然後放在他面前。
2. 再拿起另一個瓶子，聞一聞後告訴他，「這個是大蒜的味道」，說完也讓他聞一聞，便放在香水的旁邊。

第二階段

1. 接下來，對孩子說，「請你聞一聞香香的香水味道」，於是孩子聞香

水的瓶子。

2. 再對孩子說，「請你聞一聞大蒜的味道」，於是孩子聞裝有大蒜的瓶子。

第三階段

1. 最後，拿裝有香水的瓶子問孩子：「請你告訴我這是什麼氣味？」孩子回答：「香香的。」

2. 再拿另一個問：「請你告訴我這是什麼氣味？」孩子回答：「大蒜的味道。」

3. 將兩個物品放回容器中。

○○○○ 注意事項

1. 當孩子能正確說出氣味的名稱時，父母可再加入比較級的氣味，讓孩子認識「比較香」或「最香」的名稱。

2. 氣味的名稱介紹一次以二至三種為主，介紹新的氣味時，務必和已認識的氣味一起介紹。

3. 如果孩子在第三階段無法說出氣味的名稱時，請下一次再從第一階段重新介紹起。

4. 可以找一些孩子有興趣的東西來介紹喔！

○○○○ 延伸變化

製作氣味的名稱卡，讓孩子做名稱與物體的配對活動。

For Father & Mother
給父母的話

　　手、眼、鼻、耳、口是人類非常重要的感覺器官,孩子就是運用這五種感官開始接觸世界與學習適應環境,但是,嗅覺是最常被忽視學習的能力,藉由延伸活動,讓孩子運用嗅覺的能力來觀察、比較、分析和歸類他所接收的訊息,而這些感官活動的學習就是幫助孩子進入真實世界之門。孩子能將各部分零散的嗅覺認知,組合成一個整體(自我概念)或重新分配各部分而形成一個新的結構或形式,這是一個看起來簡單但內涵卻複雜的概念。

　　在取材上最好能選擇富啟發性且易建立幼兒嗅覺的概念,在活動中最有助於提升幼兒嗅覺上的一個重要觀念,就是教具愈簡單愈好。想想看,如果您的孩子被五花八門教具的外觀所吸引,很自然的一定是拿起來就玩弄,絕不會專注在您所介紹的重點上,或把這樣的教具當作玩具來玩;相反的,如果您給幼兒一些簡單的素材,幼兒只要了解您的示範,他很自然的就會將自己的經驗運用在活動中。誠如一位好友說的:「一份好的教具在活動中應該只占有 10% 的分量;而幼兒自身的發揮能力則需高達 90%。」

　　是啊!幼兒園裡提供孩子各種不同的遊戲器材,有城堡、汽船、火車等物品,這都是著重在教具或是玩具的外觀上,因此,不需給予複雜及一體成型或太具體與完整的玩具,只需給予幼兒簡單與單一的素材,在嗅覺上他所熟悉的或是喜歡的味道,適度的延伸困難度,再加上您簡明扼要的指導說明,幼兒終能從中創造出另一個天地來。

Part 3 第三部曲 特別的叮嚀

一、準備環境所需的設備與用品

　　托兒的環境可以分為軟硬體兩大領域，在軟體方面，提供孩子活動的空間，讓孩子們和保母或老師在此情境中培養祥和的學習氣氛、拓展人際關係；而在硬體方面，為外在所觀看到的一切適合孩子的設備，需與周邊的環境相結合。良好整體環境的規劃就如一幅美麗的圖畫，給人的第一印象，就如建築師所設計的精神指標，清楚明確的傳達其教育理念的訊息給家長和孩子，因此環境上設計的巧思，往往是吸引孩子因素之一。

　　經由前面章節的介紹，相信您已了解如何設計感官方面的活動與教具，更清楚引導孩子的方式，現在則要了解如何將這些教具呈現在家裡或托兒中心。首先在硬體方面，您需要的設備內容如下：

1. 櫃子：一般大賣場便可買到的三格櫃，亦可請人訂做或向教具公司購買托兒園所使用的教具櫃。但重要的是，別忘記先評估你要擺設在客廳、房間或廚房所需要的數量再來採購。接下來，因為一般三格櫃的高度對嬰幼兒而言顯得較高，因此擺設時要將三格櫃橫倒放置在地上，這樣就變成一層櫃，不只裡面可放教具，上層也可擺放教具，如果再擺上一層三格櫃，這樣的兩層櫃就能容納更多教具了。另一個方法，則可直接購買兩格櫃，如果是計畫選購教具公司的教具櫃，千萬別忘記幼兒與教具櫃高度的問題。

2. 小桌椅：評估你所要照顧孩子的年齡來購買，一般大賣場或教具公司都可買到適合幼兒的桌椅，若訂做費用不高亦可考慮訂做適合的桌椅，這樣便能按照孩子的身高，給予適當高度的椅子與桌子。

3. 拼圖地墊：為確保安全，照顧三歲以下的嬰幼兒，最好在家中所有孩子活動的地方都使用拼圖地墊，如果你只是想為您的孩子在家中某角落設計一個活動區，那只要在活動區拼上拼圖地墊即可。

4. 護理台：照顧兩歲以下的孩子，這是必備的立案設備，但不管立案與

否，擁有這項設備，家長將肯定這是一個專業的托兒環境。對於兩歲以下孩子更換尿布時有其方便之處，此設備的高度是以大人使用為考量。

5. 沐浴台：可以單獨設立或附設在浴室裡，其設立高度也是以大人為主，其他必備的洗澡用品，例如：嬰兒沐浴乳、洗髮精、小手巾、大浴巾也是不可忽略的。

6. 調奶台：一般調奶台設立在廚房，這是依物品取用方便而言，但其設立位置可視個人習慣而定，而準備的物品應包括奶瓶、奶粉、熱水瓶或飲水機、烘奶瓶器等。

7. 嬰兒床：照顧一歲以下的嬰兒，必須為每個孩子準備一張嬰兒床，這樣讓每個孩子都有其自己的嬰兒床，孩子便可依其生理時鐘來入睡。

8. 嬰兒遊戲床：若照顧的孩子尚未到達爬行的階段，為了安全起見可設有遊戲床，讓孩子在遊戲床內玩耍，若無安全顧慮，便可讓孩子在地板上活動。

9. 教具：除了前面章節所介紹的教具與活動外，還需要準備不同性質的教具，例如：樂器、一般玩具、圖書、益智、扮家家酒、積木、數學、拼圖和語文類教具等，如果您使用的空間無法分成這麼多學習區，可以每一種學習領域準備二到三樣教具即可，之後每一個月更換不同的教具，這樣孩子才有多元化的學習領域。

10. 安全鎖條：將那些具有危險性又不能讓孩子打開的櫃子，用安全鎖條鎖住，這樣就不會經常出現您禁止孩子碰觸的話語。

11. 掛畫：別以為這年紀的孩子不會欣賞藝術品喔！要知道這是需要長期培養的一種鑑賞能力，您不見得要培養孩子成為藝術家或美術家，但是鑑賞是每一個人必須擁有的基本能力，讓孩子長期沉浸在一個充滿藝術的環境中，對其個人內在與未來生活、工作都有助益，但別忘了要掛在孩子可看到的高度喔！

12. 時鐘：你一定會想家中本來就有時鐘啊！但這裡要提醒您的是，如果

您只是設立一個活動區在客廳，別忘了在活動區的範圍內放上一個時鐘，只要孩子能辨別一到十二即可，這樣您就可以教他看時鐘，讓孩子知道何時為結束遊戲的時間。年紀小的孩子，可在時鐘上貼上貼紙，讓孩子清楚知道何時需要停止遊戲，這樣長期培養孩子看時間的習慣，孩子便能輕易辨別數字了。如果您是專為孩子設立的家庭托兒中心，那是一定要在孩子活動的每一個場所都擺上時鐘，當然最重要的是別忘記高度的問題。

13. 鏡子：別以為只有女生喜歡照鏡子，有的男生也愛照鏡子，因此不論何種性別的嬰幼兒都喜歡照鏡子喔！有的托兒中心更會準備特別的凹透鏡或凸透鏡，讓孩子看看自己特別的身材，那是另一種樂趣喔！但重要的還是注意高度的問題，蹲下來看看您是否可照到自己，便了解孩子適不適合了。

14. 醫藥箱：這是必備的用品，例如阿斯匹林代用品，為治療疼痛及發熱的症狀；抗菌乳劑或噴霧劑，為治療較小的傷口；爐甘石洗劑（calamine lotion），為治療皮膚發炎或搔癢；吐根糖漿（syrup of ipecac），例如在中毒情況下引導嘔吐；補液療法中所用的粉劑及溶液，為治療腹瀉；各種形狀及各種大小的絆創膏（膠布）；精選的繃帶、有刻度的量匙或滴管、體溫計等，此醫藥箱請放在孩子無法碰觸的櫃子裡。

15. 急救箱：內置物品應包括消毒棉一包、藥用酒精、各種大小的消毒紗布塊、消毒的三角巾、紗布繃帶、寬的和窄的外科膠布、消毒繃帶、鑷子、剪刀、安全別針、面速力達姆、OK繃、碘酒等，急救箱也要放置在孩子無法接觸到的地方喔！

二、規劃家中的環境

環境所傳達的各種訊息對於使用者來說，都是在暗示各類行為及活動的延伸，此包括心理與生理層面，進而因人的互動所產生奇妙的結合，滿足各方面

的需求，其中所蘊藏的規劃理念占了舉足輕重的角色。在考量環境的各種機能，如空間的安排、動線的規劃、設備的安置都要以「人」為前提，因此對托兒中心或孩子的活動室而言，最重要的服務對象是「幼兒」，因此，對幼兒產生的各種空間規劃，皆轉化成幼兒與空間語言的對話。

當環境規劃為滿足幼兒學習的多樣性，整合教學的理念和課程的設計，所有的存在空間透露出幼兒的活動領域及歸屬的私密性，對幼兒來說，一連串種種探索的契機，不僅呼應著遊戲、學習和情緒功能等潛在的空間元素，為豐富幼兒學習的情境，更為增添生活經驗的必要性，托兒環境除了以潛在的教學作為幼兒學習的媒介外，具體三度空間的硬體規劃設計更是幼兒探索另一個世界的台階。

（一）首先，在托育環境的設計上，除了依照各縣市規定的評估檢核表來規劃外，在整體設計的考量上要特別注意以下幾點：

1.安全原則

在各項原則中，安全原則一直都是首要的重點，基於孩子高度的活動性及對周遭事物充滿無限的好奇心，因此更應該提供一個安全的環境，讓孩子享受自在無憂的探險樂趣。再來，建築結構的穩固性與建材選擇，都必須考量到防震、防水、防火、防颱、防滑等問題，並在完工後做精確的安全測試，以求達到安全無誤差的最終目標。幼兒活動的時間很多，意外發生防不勝防，因此空間設置的方式透露了重要的訊息，不管是開放或封閉的空間及質地的軟硬等各項細節，都是必須特別注意。

2.經濟原則

想要達到多項安全原則，的確需要相當多的經費，如何使用最少的經費達

224

到最精密的效果，的確是個令人苦思的問題。因此善加運用周邊的公共設施，例如：公園、球場、游泳池、展覽館、博物館、小學等社會資源，這些戶外的公共空間，能讓您節省不必要的開支喔！

3.衛生原則

一個衛生的空間才能提供孩子健康的生活環境，無論孩子在家或在托兒中心，從用水的規劃至一天的餐點設計、各項醫護設備，以及使用頻繁的廁所等，也都是衛生方面應考量的重點。

4.舒適原則

室內環境需注意是否採光適當、空氣流通、溫濕度合宜，並在室內放置盆栽，達到賞心悅目的功能。

5.發展原則

零到六歲幼兒發展的需求都不盡相同，每一個年齡層所需的教具也難易不一，所以應先了解孩子的生理與心理發展的成熟度，為孩子量身打造適合的活動環境。或許您也會有照顧特殊嬰幼兒的機會，別忘了在為孩子打造一個快樂天堂的同時，亦考慮到特殊兒童的需求。

6.藝術原則

家中所設計的活動空間不僅要讓孩子覺得很有趣，在色彩上也要吸引他們的目光，因此色彩恰當的搭配，無形中就是一項藝術教學。

7.維護原則

硬體設備如櫃子、桌子、椅子等都要隨時注意是否有毀損的地方，每個月定期檢查一次，並記錄在特定的資料夾中，這樣定期檢查的方式可及時維修或替換硬體，保持教室的第一原則——安全性。別忘記玩具與教具的維修與檢查也是很重要的事情，但這是每天的必要工作之一，如此便可避免危險發生。

8.趣味原則

利用環境的特色設計一些有趣的固定玩具，讓孩子不只在學習區才能盡情的探索，也讓他們所到之處都能充滿驚奇。例如，筆者某一年參觀日本蒙特梭利兒童之家，見他們在學步兒的教室中，從天花板上垂下一條繩子，一端綁著拉環，另一端綁著中型的軟球，讓孩子爬到這或走到這都可以把玩一下，有時在老師的引導之下，還可訓練孩子的臂力，是一項很有趣的活動喔！當然設計在櫃子裡的教具和玩具也是要符合趣味的原則，否則孩子可能不領情，別讓教具或玩具乏人問津喔！

（二）當掌握上述的原則來設計環境後，接下來針對一般家庭中現有的環境來探討實際規劃的問題：

1.客廳

一般人都會將客廳當作家庭托育的主要活動空間，我也贊成這是最佳的規劃方式，因為按照空間大小而言頗適合容納一至四個孩子。因此主要的櫃子便可擺設在客廳裡，如果空間夠大，還是可保留原有的茶几，因為可當作孩子用餐的桌子，只是活動與用餐的空間要做適當的區隔。而學習區的規劃，則按照

前述的感官、語文益智、圖書、數學等區域來規劃，此處也是擺放鏡子及時鐘的最佳地點，別忘了在牆壁上擺上掛畫喔！如果您有照顧兩歲以下孩子的計畫，此處也是擺放護理台設備的最佳場所。

2.房間

對於照顧年幼的孩子而言，需要提供一個舒適的睡覺與休息的地方，按照孩子不同的生理時鐘來決定他的睡覺時間，每個孩子當然擁有自己的棉被與枕頭，有時孩子還會帶著他心愛的毯子或玩偶一起進入夢鄉。這裡的設備依孩子的年齡而有所不同，一歲以內的孩子最好使用嬰兒床，讓孩子一人一個床位，這是考量到安全問題，其他孩子則可以運用同一房間的其他角落，在鋪有地板或拼圖軟墊區的地板上午睡，讓孩子不會因為床的高度而產生危險，也可讓孩子依照自己的生理時鐘起床，爬或走回客廳繼續進行他的遊戲。此房間牆壁上的設計，視個人的喜好來規劃，別忘記時鐘，讓您清楚每一個時間。再來，若是您覺得將睡覺的場所安排在房間裡，會造成照顧者的死角地帶，那麼您也可將之安排在客廳中，以照顧者的數目來決定設置的地點。

3.浴室

浴室對孩子而言，好像不需要做太大的設計，因為有嬰幼兒的家庭，也是用一般的方法在進行，但是您知道嗎？一個巧思的設計，將會使浴室呈現不同的風味，沒有人會認為浴室是一個臭臭的地方了。在原有鏡子的地方，買一些塑膠花與植物，纏繞在鏡子的周圍；因原有的鏡子比較高，所以您還要準備一個鏡子是放在符合孩子高度的地方，這樣就可以選擇可愛或與眾不同的鏡子了，到大賣場買一些可貼在浴室的貼紙，貼在四周的牆壁上，這樣吸引人的浴室讓孩子捨不得離開喔！

至於原有的浴缸，則可以購買可愛圖案的浴簾將之圍住，當需要使用時，

只要拉開浴簾即可，不使用時就像是一面壁畫，此處也是嬰兒沐浴台適當的放置地點。再來，配合沐浴所需的用品，也要放置在隨手可及之處，準備安置在牆壁上手壓式的洗手乳，讓孩子養成吃飯前或上廁所後用洗手乳洗手的習慣，保持清潔，杜絕細菌的孳生。衛生紙雖然是一個普通的用品，若能尋找可愛好看的盒子，這樣便能提高它的價值了。最後是馬桶，如果您無法為孩子訂做一個適合的小馬桶，可到賣場買一個同時有大小兩種尺寸的馬桶蓋，重新安裝在馬桶上，或是到嬰兒用品店買一個小馬桶蓋，放置在原有的馬桶上，這樣便能方便孩子使用了。接著，再購買可貼在馬桶上的貼紙，讓您家的馬桶顯得可愛又有趣，這樣的設計讓廁所就像一個充滿藝術的環境，讓人徹底改變對廁所的刻板印象喔！

4.廚房

廚房對孩子而言是個危險的地方，如果不想讓孩子進入——尤其是爬行或學走路的孩子，一定要裝上小的活動門，這樣可幫助您看到孩子在外面的狀況，而又不會讓孩子隨意進入廚房內。

5.樓梯

對孩子而言，這是一個練習爬上爬下的機會，記得當初筆者家住台北時，並無樓梯讓孩子練習此動作，之後搬到花蓮，孩子正好剛剛學會走路，這時便有機會學習爬樓梯。剛開始孩子顯得很害怕，下樓時還倒退著爬下來，幾次練習之後，便見他爬上爬下的，一點也不害怕了。如果孩子年齡太小，還不適合爬樓梯時，也可加上小的活動門，防止孩子爬到樓上，但如果孩子的活動空間是在樓上時，當孩子走或爬到樓梯口時，在二樓樓梯口的小活動門便可防止危險發生了。

三、選購玩具的方法

　　當您在玩具店或百貨公司，面對琳瑯滿目的玩具時，是否困擾著不知如何著手，也不知道什麼玩具才適合零到六歲的孩子，以下幾點提供您選購玩具的方向。

（一）適合嬰幼兒發展的玩具

　　不同年齡層的孩子都需要適合其個別發展的玩具，初生兒需要的是聽覺、視覺和觸覺的玩具，此階段的嬰兒無法自由的活動，因此準備的玩具便需要佈置在娃娃床的四周或孩子活動的地方，方便讓嬰兒聽到、看到與觸摸到的位置，而且會發出聲音的玩具最能吸引孩子的目光。

　　學爬階段的幼兒，在選擇玩具上應注意安全問題，此階段的幼兒正值口腔期，因此每件東西都會引起孩子的好奇心，固齒器是不可缺的物品，但孩子的好奇心並不是固齒器就可滿足的喔！注意家中地上的物品是否具有危險性，任何可能危害健康的物品都應收拾乾淨以免孩子誤食。此階段仍需準備具聽覺、視覺、觸覺的玩具，但別忘了增加嗅覺的玩具，而味覺當然是此期的重點喔！

　　到了學步兒時期，孩子移動的範圍愈來愈大，除了繼續嚐遍家中的物品，更需要的是可以移動的玩具，像是可推拉的電話、小狗，柔軟可抱的填充玩具以及具有教育性的玩具，當然是要能促進幼兒五種感官知覺的玩具為佳。

　　一歲半到三歲的幼兒語言發展迅速，兒歌及故事錄音帶要常常伴隨在生活中。動作協調是此期的發展重點，準備充足的玩具讓幼兒不斷的練習抓、倒、舀、夾、轉、敲、擠、捏、壓、切、拔等動作技能，以達到手眼協調，奠定日後學習的基礎。其他如建構性、教育性、真實性、音樂性及角色扮演的玩具亦不可缺少。

　　三到六歲的階段，幼兒的組織、建構能力增加，更需要具挑戰性的玩具，除了上述玩具之外，在五到六歲階段的幼兒特別喜歡規則性及合作性的遊戲，

如大富翁、跳棋、象棋等益智遊戲。

（二）安全玩具（ST）

選擇具有（ST）標誌的玩具，能讓孩子免於危險且多了安全的保障，而父母在選擇玩具時也更要確認何種玩具對幼兒是最具安全性的。

（三）耐用的玩具

堅固耐用的玩具除了具安全性外，更能增加幼兒玩耍的時間，讓玩具發揮最大效用，以符合家庭的經濟成本。

（四）易清洗的玩具

幼兒每天重覆把玩的玩具，當然容易累積污垢在玩具上，為了幼兒的健康，清洗玩具的工作是不可免除的，因此挑選易清洗的玩具，也是一個重要考量的方向。

（五）多元化的玩具

若是一個玩具有多功能的用途，能發出聲音、能拉著走、能壓扭，便能滿足幼兒在不同階段的需求，因此這項玩具便能陪著孩子一段時間，在重覆練習當中幼兒也建構了許多技能與知識，當然也符合經濟效益喔！

再來，家長必須了解玩具的種類有哪些，以及這些玩具能帶給孩子哪方面的幫助，這亦是您在選擇玩具時的重要考量。

1. 教育性玩具：如拼圖、穿線玩具、堆疊玩具、插樁玩具、訓練玩具（大小肌肉或手眼協調）、感官玩具（包括視、聽、嗅、味、觸覺）。
2. 真實性玩具：如沙、水、泥巴、黏土、麵糰、食物、木料及木匠工具等。
3. 建構性玩具：如積木、建構組合玩具、樂高等。
4. 角色扮演玩具：如扮家家酒、交通工具、玩偶、布偶等。

5. 動作協調性的玩具：家庭中可用來練習倒水、使用湯匙舀物、筷子夾物、轉瓶蓋、切木頭水果、敲木珠等。

6. 音樂性玩具：如鈴鼓、響板、三角鐵、手搖鈴、鐵琴、木魚等，會發出聲響的樂器及玩具。

7. 語言發展玩具：如圖畫書、圖卡、說說唱唱的兒歌、錄音帶、CD、布偶等。

8. 概念發展玩具：如圖形、空間、數與量、邏輯分類、時間與序列等。

四、教具製作實務與設計原則

相信您在製作教具時將面臨如何著手的問題，根據筆者找尋相關教具及製作之經驗，提供您幾點符合經濟考量及富便利性的建議。

（一）從家中資源回收的瓶瓶罐罐著手

按照書中不同階段及發展的教具，事實上您不需要另外添購，而可以自己試試DIY，因此，日常生活中的寶特瓶、養樂多瓶、布丁杯等，即是很好的基本教具素材，再加上您自己的創意與美感，便能吸引孩子的目光。

而其他布類教具，如神祕袋的製作，家中常用的束口袋就可以派上用場了。但是，為講求讓孩子區別教具與家中生活用品之差異，可以利用淘汰的衣物作為布類的教具。而衣物的釦子，或是衣飾上的裝飾，也可成為探索教具的材料。所以，從家中的資源回收物中找尋製作教具的材料，實際上並不需要花費太多，就可擁有與蒙氏教具相同功能的材料。但是請注意，選擇家中資源回收的物品需具有耐久性，並避免使用物品邊緣有尖銳的部分，因此在進行製作時，都要以幼兒安全和便於清理為重點。同時，別忘記材質、顏色與外觀都要相同，這是蒐集教具材料的基本原則喔！

（二）在十元商店中挖寶

市場常有十元商店，您可以從中挖掘許多寶物，像是飲食用的器皿，例如：小碗、小杯、小盤子、小鑷子、小布袋甚至是托盤等等，既便宜且不易損壞。所以，在採購前可以事先參考附有蒙氏教具的參考書籍，從中找尋相似的器具，加上靈活搭配，不僅增進您在教具製作的靈感，亦方便製作及蒐集的時間，讓家中教具展現多元化，且符合經濟與便利的效益。

（三）製作教具的注意事項

1.耐久性考量

在教具上因為孩子會重覆使用，容易積垢或是折損，尤其紙類或是珍珠板等材質製作的教具是不易清除的，所以製作此類教具，您所選擇的紙質和運用膠帶來保護教具，便是關鍵點；此外，塗上亮光漆也是一個不錯的選擇，不僅延長教具的壽命，也節省花在製作教具上的時間。

2.美觀性

在進行珍珠板的教具製作時，因為表面不易上色，所以，您可以使用不易褪色的雲彩紙，剪裁大小與教具相同的尺寸，即能滿足教具顏色的多樣化。

另外，我們必須了解教具的各階段有哪些使用原則，以及這些教具的使用能不能吸引孩子？所以，外觀的顏色與搭配，是您在製作教具時的重要考量。

3.設計教具大小原則

製作教具時，注意教具大小要利於孩子雙手拿取為原則，例如圖卡、配對

圖卡（砂紙板、衣飾板）、三角形家族的教具等，應在十公分左右；而操作的器皿，例如碗、盤子、杯子與托盤等，皆不可太大或是太小，其大小會影響孩子操作而造成過多的挫折。

4.收納性的設計

利用喜餅盒及鞋盒，就可以把每一套辛苦製作的教具好好收藏及歸類，因為孩子很快就會熟悉某些教具，此時，您就可以暫時將這些教具收納起來，轉換另一組教具來呈現。所以，喜餅的空盒子相當適合作為收納的器具，再加上盒子的外表相當美觀，您就可以將拍攝好教具的照片與教具名條，貼在盒子的外面，待下回要再練習時，便可輕易的找出來囉！

參考書目

許惠珠（譯）（1989）。**幼兒的心智 —— 吸收性心智**。台南：光華女中。

許惠珠、邱淑雅（譯）（1990）。**發現兒童**。台南：光華女中。

詹道玉（譯）（1989）。**蒙台梭利教學法**。台北：崇文。

趙悌行（譯）（1993）。**蒙台梭利教育的比較研究與實踐（上）（下）**。台北：新民。

Bredekamp, S., & Copple, C. (Eds.) (1997). *Developmentally appropriate practice in early childhood programs* (revised ed.). Washington, DC: National Association for the Education of Young Children.

國家圖書館出版品預行編目資料

兒童內在生命的發展——蒙特梭利感覺教育／
施淑娟、薛慧平著. --初版. --
臺北市：心理, 2006（民 95）
　面；　公分. --（幼兒教育系列；51098）
參考書目：面
ISBN 978-957-702-918-8（平裝）

1.教學法　2.學前教育

521.581　　　　　　　　　　　　　　　　　95011615

幼兒教育系列 51098

兒童內在生命的發展——蒙特梭利感覺教育

作　　者：施淑娟、薛慧平

執行編輯：李　晶

總 編 輯：林敬堯

發 行 人：洪有義

出 版 者：心理出版社股份有限公司

地　　址：台北市大安區和平東路一段 180 號 7 樓

電　　話：(02) 23671490

傳　　真：(02) 23671457

郵撥帳號：19293172　心理出版社股份有限公司

網　　址：http://www.psy.com.tw

電子信箱：psychoco@ms15.hinet.net

駐美代表：Lisa Wu（Tel: 973 546-5845）

排 版 者：辰皓國際出版製作有限公司

印 刷 者：辰皓國際出版製作有限公司

初版一刷：2006 年 7 月

初版二刷：2013 年 9 月

I S B N：978-957-702-918-8

定　　價：新台幣 320 元